일본의 지진보험

– 주택에 대한 지진위험 담보와 정부의 역할 –

심 재 만

서문

그동안 지진의 안전지대로 여겨졌던 우리나라는 2015년 경주 지진이후 지진에 대한 관심이 커지고 지진보험에 대한 필요성도 제기되고 있는 것 같다. 2017년 여름부터 1년간 회사의 배려로 일본 와세다대학에서 보험 및 리스크관리에 대해 공부하면서 일본의 지진보험에 대해 연구할 기회가 생겼는데, 일본 역시 많은 지진보험의 필요성에도 불구하고 한번 발생하면 피해 규모가 막대한 지진 피해의 특성상 민간 보험사만의 능력으로는 한계가 있어서 오랜 기간 동안 도입이 지연되다가 1966년부터 주택에 한해 지진보험이 도입된 이후, 많은 제도 개정을 거쳐 현재에 이르고 있음을 알게 되었다. 이런 일본 지진보험의 내용이 우리나라에 소개된다면 향후 지진보험 연구에 조금이라도 도움이 되지 않을까하는 소박한 마음에서 동 책자를 발간하게 되었다.

정책보험의 특성이 강한 지진보험의 성격상 일본에서도 관련 연구가 활발하지 못 하여 본 책자의 내용도 충분하지 못 함을 양해해 주시기 바라며, 정부의 역할을 중심으로 일본 지진보험의 주요 내용을 관련 자료와 함께 소개하였다. 부족한 연구에도 불구하고 정성스럽게 지도해 주신 와세다대학 상학부 이홍무 교수님께 감사

드리며 동 자료가 우리나라 지진보험 연구에 조금이라도 도움이 되기를 바란다.

2018. 5.

와세다대학 연구실에서 심재만

목차

제 1 장 지진보험의 특성과 도입

제1절 일본의 지진 현황

일본은 세계에서 지진이 많이 발생하는 나라중의 하나이다. 일본은 유라시아판, 필리핀판, 태평양판 등 3개의 거대한 지각판 들이 서로 다른 방향과 속도로 부딪치는 지역에 위치하고 있기 때문에 끊임없이 지진이나 화산활동이 일어난다. 지진은 진동(振動) 그 자체와 지반의 액상화(液状化)에 의한 건물 파괴 등의 1차 피해뿐만 아니라, 화재(火災), 해일(津波, 쓰나미), 산사태, 해안침식 등의 2차 피해를 유발한다. 일본은 지구의 총 지진에너지 중 15%를 보유할 만큼 지진이 많은 나라인데, 일본 전체에 연평균 7,500여회의 지진이 발생하고, 그 가운데 1,500여회는 조용히 있는 사람이 느낄 수 있는 유감지진(有感地震)이다. 이중 도쿄 등 수도권에만 매년 40~50회의 유감지진이 일어난다고 한다.

그 동안 일어난 규모[1] 7.0 이상의 대지진을 보면 14만명의 사망자를 낸 간토대지진(關東大地震)(1923년)과 후쿠이지진(福井地震)(1948년), 일본북부지진(日本北部地震)(1993년), 간사이지진(關西地震)(1995년) 등이 있으며, 2011년 3월에는 일본 동북부 지방에서

1) 지진의 세기를 표현할 때는 절대적인 개념의 규모(magnitude)와 상대적인 개념의 진도(intensity)를 많이 사용한다. 규모는 지진 발생 시에 방출되는 에너지의 양을 나타내므로 지역에 관계없이 일정하다. 진도는 특정장소에서 감지되는 진동의 세기를 말한다. 즉, 하나의 지진은 규모는 같으나 진도는 장소에 따라 달라질 수 있다.

규모 9.0의 대지진이 발생했는데 지진 발생 후 발생한 강력한 쓰나미로 인해 동일본(東日本) 일대가 엄청난 피해를 보았다. 15,895명이 사망, 2,539명이 실종되고 73,000여명의 사람이 아직도 피난 생활 중이며 인근 지역에 있던 원자력발전소도 지진으로 인해 파괴되면서 방사능 누출이라는 엄청난 사고가 발생하였다. 그때의 사고로 오염된 발전소내의 지하수 때문에 아직도 피해 복구를 제대로 하지 못하고 있는 실정이다. 일본정부는 그동안 32조엔(円)의 예산을 투입하였으나, 아직도 복구 작업이 진행 중이다.

그리고 2016년 4월 14일 구마모토(熊本) 지방에서 발생한 규모 6.5의 지진으로 1,100명(사망자 41명)의 사상자가 발생하는 등 지진 피해는 계속되고 있다. 이처럼 지진은 한번 발생하면 교통사고나 일반 화재에 비해 엄청난 피해를 일으키는 특성을 가지고 있다.

제2절 지진보험 도입의 제약조건

보험 사업은 동등한 리스크를 가지고 있는 보험 사고(保險 事故)의 통계(統計)를 이용한 대수의 법칙[2](大數의 法則, law of large numbers)에 따라 일정 기간의 보험 사고가 발생할 확률(確率)을 산출 할 수 있다. 이 확률을 통하여 일정 기간에 지급하여야 할 보험금(保險金) 총액을 예측하고 이에 맞는 보험료(保險料)를 보험계약자(保險契約者)로부터 징수함으로써 보험 수지(保險 收支)를 일치(收支相等의 原則[3], Principle of Equivalence)시키고 안정적으로 다수의 보험계약자(保險契約者)를 확보 할 수 있다면 보험 사업을 지속적으로 영위할 수 있다. 일반적인 생명보험과 화재보험 등이 그 예이다. 그러나 지진 피해에는 다음과 같은 특징이 있다.

---

2) 관찰 대상의 수를 늘려갈수록 개개의 단위가 가지고 있는 고유의 요인은 중화되고 그 집단에 내재된 본질적인 경향성이 나타나게 되는 현상을 가리킨다. 이러한 경향성은 관찰의 기간을 늘릴수록 하나의 법칙성에 도달하게 되는데, 인간의 연령별 사망률이나 자동차의 손해율 등을 장기간에 걸쳐 많은 모집단에서 구하고 이것을 기초로 보험 금액과 보험료 등을 산정한다.

3) 보험계약에서 장래 수입되어질 순보험료 현가(現價)의 총액이 장래 지출해야 할 보험금 현가의 총액과 동일하게 되는 것을 말한다. 개개인의 개별계약에서 보험계약자가 부담하는 보험료는 보험자가 지급할 보험금의 수학적 기대치와 일치하여야 한다는 급부반대급부균등의 원칙과 함께 보험사업 경영에 필요한 기본원칙으로 인정되고 있다.

1. 대수의 법칙(大數의 法則)을 적용하기 곤란하다.

개별적으로 발생하는 우연한 사안을 계속 관찰하면 통계적으로 일정한 확률에 도달한다는 대수의 법칙은 보험료 산출상의 통계적 기초가 되고 있다. 그러나 지진에 따른 피해를 보면 발생 빈도가 낮아서 계속 관찰이 어렵지만, 한번 발생하면 거대한 피해가 발생한다는 특징을 가지고 있기 때문에 대수의 법칙이 성립하기 어렵다.

또한, 지진의 발생 장소, 규모, 계절 등에 따라 피해가 크게 달라질 수 있기 때문에 보험료 산출을 위한 손해액을 통계적으로 예측하는 것이 곤란하다. 이러한 점에서 일반적인 다른 보험 상품과 달리 지진에 대해서는 대수의 법칙에 따라 향후 발생할 보험사고를 예상하고 보험료를 산출하는 것은 곤란하다.

2. 거액의 손해를 초래할 수 있다.

지진 피해는 화재 등 다른 보험 사고와는 달리 거대 지진이 발생했을 경우에는 피해 지역이 광범위하고, 피해 규모도 대규모로 발생하는 등 거액의 피해가 발생할 가능성이 있어 수지상등의 원칙(收支相等의 原則)이 성립하지 않게 된다. 이런 위험을 상정하고 많은 준비금(準備金)을 적립하기에는 보험회사들의 지급능력에 많은 한계가 있다.

단기간에 수지균형을 달성하기 곤란할 정도로 막대한 손해가 발생할 경우에는 보험회사가 예정된 보험금을 지급하지 못 하고 파산하거나, 보험금을 삭감하여 지급 할 수밖에 없다. 이렇게 될 경우, 보험금 지급을 통해 지진 피해자들에게 경제적 지원을 도모하기 위한 지진보험 본래의 취지를 달성하지 못하게 된다.

3. 역선택(逆選擇)이 발생할 우려가 있다.

보험회사는 보험가입자가 보유하고 있는 위험을 고려하여 보험료를 책정하고 보험계약을 인수하는데, 보험가입자의 정보 식별이 어려운 경우 위험도가 높은 사람이 보험금을 노리고 일부러 상품에 가입하는 것을 보험의 역선택(逆選擇, Adverse selection)이라고 한다. 건강에 자신이 없는 사람이나 위험 직업군에 속하는 직업을 가진 사람 등 리스크가 높은 계약자가 보험에 많이 가입하게 되면 사전에 예측된 위험보다 높은 위험이 발생하게 되어 보험금의 누수현상이 나타나고, 이로 인해 보험사업의 경영이 악화될 뿐만 아니라 다수의 선의의 계약자에게 경제적 부담을 가중시키게 된다.

지진보험에 있어서도 지역 등에 따라서 지진이 발생할 가능성이 다르고, 지진이 발생할 경우 예상되는 피해도 다르다. 이렇게 위험도가 높은 일부 지역의 사람만이 가입한다거나, 지진 발생 가능성이 높은 시기에만 가입하는 역선택이 이루어질 경우에는 위험이 편중되고 보험계약자를 안정적으로 확보 할 수 없게 되기 때문에 보험 제도를 유지하고 운영하는데 지장을 초래할 가능성이 높다.

제3절 지진보험 도입 및 주요 제도 개정

1. 지진보험의 도입

세계 유수의 지진국인 일본에서는 지진에 의한 피해는 화재보험의 보상 대상에서 제외되고 있었으며, 메이지 이후 큰 지진이 발생할 때마다 지진 등에 의한 손해를 보상하는 보험 제도의 필요성이 검토되었다. 그러나 지진 위험은 그 발생 빈도와 규모를 통계적으로 파악하는 것이 어렵고, 한번 발생하면 거대한 재난이 될 가능성이 있기 때문에 지진보험이 도입되지 못 하였다.

그러나 1964년 6월에 발생한 규모 7.5의 니가타지진(新潟地震)으로 인해 니가타현을 중심으로 9개현에 사망 26명, 부상 447명이 발생하고, 건물에 대해서도 전파(全破) 1,960동, 반파(半破) 6,640동, 침수(浸水) 15,297동, 일부 파손(一部 破損) 67,825동 등의 피해가 발생하였으며, 선박, 도로, 다리, 철도, 제방 등에도 큰 피해가 발생하였다. 이를 계기로 국회에서 지진보험 도입이 적극 검토되었는데, 니가타지진 발생 당시 보험업법(保險業法)의 일부를 개정하는 법률안을 심사하고 있던 중의원 오쿠라 위원회는 지진 직후인 6월 19일 이 개정 법안이 통과될 때 다음과 같은 의견을 제시하였다.

"우리나라 같이 지진이 많은 나라에서 지진에 따른 손해에 대해서 보험금 지급이 안 되는 것은 보험 제도상의 문제이다. 우선 이번 지진 재해에 대해서 손해보험회사 각사가 뭔가 조치를 강구하게 하도록 지도하고, 이미 실시하고 있는 원자력보험(原子力保險)제도를 감안하여 신속하게 지진보험 등의 제도를 근본적으로 검토하고 손해보험 제도의 정비를 도모해야 한다."

이런 배경과 과정을 거쳐 정부와 손해보험 업계가 지진보험 제도를 검토한 결과 1966년 5월에 "지진보험에 관한 법률(地震保険に関する法律)"이 제정되고, 이 법률에 근거해서 당시 20개 손해보험회사의 출자로 일본지진재보험(日本地震再保險)이 설립됨으로서 일본의 지진보험이 출범하게 되었다. 지진보험은 계약자에게 확실히 보험금을 지급할 수 있도록 정부와 손해보험회사, 일본지진재보험의 세 기관으로 안전망(安全網)을 구성하고 있으며, 계약자로부터 받은 보험료는 손해보험회사로부터 분리하여 정부와 일본지진재보험에서 관리 및 운용하고 있고 적정보험료, 총 지불한도액 및 정부의 재보험 규모 등이 정기적으로 재검토 되고 있다.

도입될 당시의 지진보험은 지진 위험의 특이성으로 인해 상당히 제약된 상태로 출범하였으나, 몇 번의 큰 지진을 계기로 중요한 개정이 이루어져 현재에 이르고 있다.

▌표 1 지진보험 현황

<table>
<tr><th colspan="2">구분</th><th colspan="2">1966년</th><th colspan="2">2017.4.1.</th></tr>
<tr><td colspan="2">계약금액
(주계약 대비)</td><td colspan="2">30%</td><td colspan="2">30%~50%</td></tr>
<tr><td rowspan="2">가입
한도액</td><td>건물</td><td colspan="2">90만엔(円)</td><td colspan="2">5,000만엔(円)</td></tr>
<tr><td>가재</td><td colspan="2">60만엔(円)</td><td colspan="2">1,000만엔(円)</td></tr>
<tr><td colspan="2">보상내용</td><td colspan="2">전손(全損)</td><td colspan="2">전손(全損)
대반손(大半損)
소반손(小半損)
일부손(一部損)</td></tr>
<tr><td rowspan="2">총지불
한도액</td><td>정부
부담한도</td><td rowspan="2">3,000억엔(円)</td><td>2,700억엔(円)</td><td rowspan="2">11.3조엔(円)</td><td>11조1,268억엔(円)</td></tr>
<tr><td>손해보험사
부담한도</td><td>300억엔(円)</td><td>1,732억엔(円)</td></tr>
</table>

출처: 地震調査研究推進本部 지진보험의 변천

2. 주요 제도 개정

(1) 지진보험 제도의 주요 개정 내용

시기	주요 개정 내용
1966년	"지진보험에 관한 법률" 제정, 지진보험 발족 – 전손(全損)만 보상
1980년	보상 범위의 확대 – 전손(全損)에다 반손(半損)도 보상
1991년	보상 범위의 확대 – 전손(全損) · 반손(半損)에다 일부손(一部損)도 보상
1996년	가재(家財) 보상 내용의 개선, 계약 금액의 한도 인상
2001년	보험료 일부 인하, 건물의 내진 성능에 따른 할인 제도 도입
2007년	보험료 개정, 할인제도 확충
2014년	보험료 개정, 할인율 확대
2017년	보험료 개정, 보상 범위의 확대 – 반손(半損)을 대반손(大半損)과 소반손(小半損)으로 세분화

출처: 地震調査研究推進本部 지진보험의 변천

(2) 1980년 7월 개정

① 개정의 배경

1978년 6월 12일 미야기현(宮城県) 앞바다를 진원으로 하는 규모 7.4의 지진이 발생하고 큰 피해를 가져왔다. 이 지진으로 반파(半破)및 일부 파손(一部 破損)의 피해가 다수 발생했지만 지진보험의 보상 대상이 되지 않았기 때문에 국회를 중심으로 지진보험 제도의 충실과 개선이 강하게 요구되었다.

② 주요 개정 내용

가. 반손 담보의 도입(半損 担保의 導入)

전손(全損) 담보에다 새롭게 반손(半損) 담보가 도입되었다. 건물은 반손(半損)의 손해를 입은 경우 50%의 보험금이 지급되고, 가재(家財)는 가재를 수용한 건물이 반손(半損) 이상의 손해를 입은 경우에 반손(半損)으로 인정되어 10%의 보험금이 지급되는 제도가 도입되었다.

나. 계약 방법의 변경(契約 方法의 変更)

보험계약자의 편의를 고려하여 지진보험의 대상이 되는 화재보험과 세트로 가입하는 계약자가 원하지 않는 경우에는 지진보험에 가입하지 않을 수 있도록 하였다.

다. 보장 비율 및 가입 한도액 인상

주계약인 화재보험 금액에 대하여 30%이었던 지진보험의 보장 비율을 30~50%까지로 확대하고, 가입 한도액도 건물은 1,000만엔(円)으로, 가재(家財)는 500만엔(円)으로 인상되었다.

라. 보험요율의 개정

반손(半損) 담보가 도입된 것을 계기로 보험요율의 개정이 이루어졌다.

(3) 1991년 4월 개정

가. 개정의 배경

1987년 12월 17일 지바현(千葉県)을 중심으로 큰 지진이 발생하였다. 또 1989년 7월부터 8월까지 이즈반도(伊豆半島沖)에서도 큰 지진이 발생하여 일부 파손(一部 破損)이 다수 발생하였다. 그러나 당시의 지진보험에서는 일부 손해가 보장되지 않아 계약자로부터 일부 손해도 보상 대상으로 포함시켜 달라는 요구가 다수 발생하였다.

나. 주요 개정 내용

지진보험의 보상 내용에 대해서 전손(全損) 및 반손(半損) 담보에다 새로 일부손(一部損) 담보가 도입되었다. 일부손의 경우에는 건물, 가재(家財)도 각각 보험 금액의 5%가 지급되며 가재는 수용 건물이 일부손의 경우에 한해 일부손으로 인정되었다.

(4) 1996년 1월 개정

① 개정의 배경

1995년 1월 17일 규모 7.3의 한신 · 아와지(阪神 · 淡路大震災) 대지진이 발생하여 고베시(神戸市)와 아와지섬(淡路島)을 중심으로 대규모 피해를 가져왔다. 당시 가재(家財)의 반손(半損)과 일부손(一部損)은 건물의 손해의 정도에 준거한다는 규정으로 인해 지진으로 가재(家財)에 심각한 피해를 당함에도 불구하고 건물의 손상이 없거나 경미한 경우에는 충분한 지진보험금이 지급되지 않는다는 사례가 다수 발생하였다.

또 건물 1,000만엔(円), 가재(家財) 500만엔(円)이라는 당시의 가입 한도액이 부족하고 가재(家財)의 반손(半損)에 대한 보상이 보험 금액의 10%에 불구하여 이재민(罹災民)의 재건(再建)에는 불충분함에 따라 보험가입 한도의 인상 요청이 많이 발생하였다.

② 주요 개정 내용

가. 가재(家財)의 손해 인정기준 변경

가재(家財)의 반손(半損) 및 일부손(一部損)의 인증 방법을 가재를 수용한 건물의 손해의 정도에 준거하는 방법에서 가재(家財)의 손해 정도에 기초하는 방식으로 변경되었다. 또 가재(家財)의 반손(半損)에 대한 보상이 보험금액의 10%에서 50%로 인상되었다(건물의 지급 비율과 동일).

나. 가입 한도액 인상

건물은 5,000만엔(円), 가재(家財)는 1,000만엔(円)으로 인상되었다.

(5) 2001년 10월 개정

① 개정의 배경

건물의 내진 성능의 차이에 따라 지진에 따른 피해 정도가 크게 다르게 나타난다는 조사 결과에 따라, 국토청의 "이재민 주택재건 지원방식에 관한 검토 위원회(被災者の住宅再建支援の在り方に関する検討委員会)"에서는 정부의 "규제완화추진 3개년계획(規制緩和推進3か年計)" 등에 주택의 내진 성능을 보험요율에 더 반영시켜야 한다고 요청하였다.

② 주요 개정 내용

내진 성능이 뛰어난 주택에 대한 할인 제도로서 "건축년 할인(建築年 割引)"과 "내진등급 할인(耐震等級 割引)" 제도가 도입되었다.

가. 건축년 할인(建築年 割引)

한신 · 아와지 지진의 피해 사례에서 1981년 6월 1일 개정된 건축기준법(建築基準法)에 의하여 건축된 주택의 내진 성능의 위력이 입증됨에 따라 주택의 건축 시기가 개정 건축기준법 이후로 확인된 경우에는 보험료가 할인되는 건축년 할인제도(할인율 10%)가 도입되었다.

나. 내진등급 할인(耐震等級 割引)

건물의 내진 성능은 "주택의 품질확보의 촉진 등에 관한 법률(住宅の品質確保の促進等に関する法律)"의 주택성능 표시 제도에 따른 "주택성능 평가서(住宅性能 評価書)" 혹은 내진 진단에 의한 "내진 성능 평가서(耐震性能 評価書)"에 의한 3단계의 내진등급(耐震等級)으로 표시되어 있다. 이들에 기초하여 보험료를 할인해 주는 내진 등급 할인제도(할인율 30%~10%)가 도입되었다.

(6) 2007년 10월 개정

① 개정의 배경

한신 · 아와지 대지진이 발생한 이후인 1995년 7월에 제정된 "지진방재대책 특별조치법(地震防災対策特別措置法)"에 근거하여 지진에 관한 조사 연구를 일원적으로 추진하는 것을 목적으로 "지진조사연구 추진본부(地震調査研究推進本部)"가 설치되었다. 지진 조사연구 추진본부에서는 "확률론적 지진동 예측지도[4](確率論的地震動予測地図)"를 작성하여 2005년 3월에 발표하였다. 또 한신·아와지 대지진 이후 2004년 니가타현(新潟県) 주에쓰지진(中越地震), 2005년 후쿠오카현(福岡県) 서부지진(西方沖地震) 등 큰 지진이 일어난 뒤, 정부는 건축물의 내진화(耐震化) 및 내진 개수(耐震 改修)

---

4) "확률론적 지진동 예측 지도"는 발생이 예상되는 지진의 흔들림의 세기와 그 지진동이 생길 확률을 예측하고 지도상에 표시한 지도이다.

를 지진 대책의 하나로 규정하고 2005년 11월에 "건축물의 내진 개수 촉진에 관한 법률(建築物の耐震改修の促進に関する法律)"을 개정하였다.

또한, 2005년 9월에는 중앙방재 회의(中央防災会議)가 결정한 "건축물의 내진화 긴급대책 방침(建築物の耐震化緊急対策方針)"을 비롯한 국토교통성(国土交通省)의 제언도 내진 진단(耐震 診断) 및 개수(改修)에 의한 지진보험의 할인 제도를 언급하여 면진 건축물(免震 建築物)에 대한 할인 제도가 검토되었다.

이에 따라, "주택의 품질확보의 촉진 등에 관한 법률"에 의해 규정되는 주택의 성능표시 기준으로 2007년 4월부터 면진 건축물(免震建築物)이 추가되어 전국적으로 통일된 기준으로 면진 건축물임을 확인할 수 있게 되었다.

또한, 2006년 9월 국토교통성으로부터 지방공공단체(地方公共團體)에서 실시하는 내진 진단 결과보고서의 표준적인 양식을 제시됨에 따라 건축년 할인이나 내진등급 할인의 대상 물건과 같은 수준의 내진 성능을 갖는 것이 객관적으로 확인할 수 있게 되었다. 이에 따라 2007년 10월 보험요율 개정과 더불어 면진건축물(免震建築物) 및 내진 진단(耐震 診断)에 의한 보험료 할인제도가 도입되었다.

② 개정 내용

가. 보험요율의 개정

보험료 산출에 이용되는 진원 모델(震源 MODEL)을 기존의 이과 연표(理科年表)에서 예측 지도의 작성에 사용되고 있는 정보로 변경하고 지진피해 예측 방법도 변경하였다. 그 결과 보험료가 전국 평균 7.7% 인하되었다.

나. 면진건축물 할인(免震建築物 割引)

주택성능 평가서에 따른 면진건축물로 평가된 경우에는 보험료가 할인되는 면진건축물 할인(할인율 30%)이 도입되었다.

다. 내진진단 할인(耐震診断 割引)

내진 진단(耐震 診断) 또는 내진 개수(耐震 改修)에 의하여 건축기준법에 정하는 내진 기준에 적합하다는 사실이 확인된 경우에는 보험료가 할인되는 내진진단 할인(할인율 10%)이 도입되었다.

(7) 2014년 7월 개정

① 개정의 배경

2012년 11월 재무성 “지진보험 제도에 관한 프로젝트팀(地震保険制度に関するプロジェクトチーム)” 보고서는 지진보험료에 대해 등지 구분(等地 區分)에 의한 요율 격차(料率格差)의 평준화(平準

化)와 내진할인 강화의 필요성을 언급하였다. 또한 2012년 12월 전국 지방 진동예측 지도 2012년판을 공표했다.

② 개정 내용

가. 보험요율의 개정

새로운 진동예측 지도가 공표되자 요율 산출에 이용되는 진원 모델 및 지진피해 예측법이 개선되었고, 그 결과 보험요율은 전국 평균 15.5% 인상되었다.

나. 면진건축물 할인(免震建築物 割引) 및 내진등급 할인(耐震等級 割引)의 할인율 확대

지진피해 실태 조사를 통해 건물의 지진에 대한 피해 관계를 재평가한 결과를 반영하여 면진건축물 할인율이 확대(30% → 50%)되고 내진등급 할인율이 확대(내진 등급 2 : 20% → 30%, 내진 등급 3 : 30% → 50%로)되었다.

(8) 2017년 1월 개정

① 개정의 배경

2012년 11월 지진보험 제도에 관한 프로젝트 팀이 작성한 검토 결과 보고서에 대해 논의된 내용을 바탕으로 추가 제도 개선이 이루어졌다.

② 개정 내용

가. 손해 구분의 세분화

기존 전손(全損), 반손(半損), 일부손(一部損) 3가지의 손해 구분을 보험금 지급 비율의 격차를 축소하고 충실한 보상을 위하여 반손(半損)을 대반손(大半損)과 소반손(小半損)으로 세분화하여 손해 구분을 전손(全損), 대반손(大半損), 소반손(小半損), 일부손(一部損) 4가지로 확대하였다.

나. 보험료의 개정

개정된 확률론적 지진 예측지도를 바탕으로 보험료를 전국 평균 5.1% 인상하였다.

제4절 지진보험의 개요

1. 제도의 취지	보험회사 등의 지진보험 책임을 정부가 재보험함으로써 지진보험의 보급을 도모하고 지진 등으로 인한 이재민의 생활 안정에 기여하고자 한다.(지진보험법 제1조)
2. 대상 위험	지진·분화 또는 해일(이하, "지진 등"이라 한다.)을 직접 또는 간접의 원인으로 하는 화재, 손괴, 매몰 또는 유출에 따른 손해(지진보험법 제2조), 72시간 이내에 생긴 규모 2 이상의 지진 등은 일괄적으로 1회의 지진으로 간주(단, 재해 지역이 전부 중복하지 않을 경우에는 별도의 지진으로 간주).(지진보험법 제3조)
3. 대상 물건	주택(점포와 병용도 포함), 가재(家財)(1개 30만엔(円)을 넘는 사치품은 제외)(지진보험법 제2조, 지진보험법 시행규칙 제1조)
4. 계약 방법	화재보험 계약에 부대(附帶)하는 방법으로 계약, 지진보험 단독 가입은 불가(지진보험법 제2조) – 선택에 의하여 부대를 제외하는 것은 가능
5. 보장 비율	화재보험 금액의 30%~50% 범위(지진보험법 제2조)
6. 보험금 한도	주택 5,000만엔(円), 가재(家財) 1,000만엔(円) (지진보험법 시행령 제2조)
7. 보험금 지급	전손(全損) : 전액, 대반손(大半損) : 60%, 소반손(小半損) : 30%, 일부손(一部損) 5%(지진보험법 시행령 제1조)
8. 가입 제한	대규모 지진대책 특별조치법에 따른 경계 선언에 의해 지진 방재방안 강화지역으로 지정된 지역 내에 소재하는 건물은 지진보험계약을 체결할 수 없다.(지진보험법 제4조의 2)
9. 보험료	보험요율은 수지 균형이 일치하는 범위 내에서 최대한 낮은 것이어야 한다.(지진보험법 제5조)
10. 정부의 재보험	정부는 지진보험 계약에 의해서 보험회사 등이 부담하는 보험 책임을 분담하기 위해 재보험 계약을 체결할 수 있다. 재보험 계약을 통해 정부와 민간 손해보험회사(재보험회사 포함)의 1회의 지진 등에 대한 보험 책임을 정한다. 또 지불 보험금 총액이 법령으로 정하는 일정액을 넘으면 일정 비율로 민관 각각 부담한다.(정부 보험 책임액에 대해서는 국회 의결을 얻음).(지진보험법 제3조)
11. 총 지불 한도액	지불 보험금 총액이 법령으로 정하는 일정액을 넘는 경우에는 보험금을 삭감하여 지급할 수 있다. (지진보험법 제4조, 지진보험법 시행령 제4조)

제 2 장 지진보험의 주요 내용

제1절 제도의 취지
제2절 대상 위험
제3절 대상 물건
제4절 계약 방법
제5절 보장 비율
제6절 보험금 한도
제7절 보험금 지급
제8절 가입 제한
제9절 보험료
제10절 정부의 재보험
제11절 총 지불한도액

제1절 제도의 취지

보험회사 등이 부담하고 있는 지진보험 책임을 정부가 재보험으로 인수함으로서 지진보험의 보급을 도모하고, 지진 등으로 인한 이재민의 생활 안정에 기여하고자 한다.(지진보험법 제1조)

지진 피해는 발생 빈도는 낮지만 한번 발생하면 피해가 대규모로 발생하여 보험료 산정의 기초가 되는 대수의 법칙(大數의 法則)이 성립하기 곤란하며 대규모 지진 피해가 발생할 경우 민간 손해보험회사들의 지불 능력에는 한계가 있어 지진보험 도입이 어려웠다. 그러나 정부가 재보험 형태로 개입함으로서 지급능력을 보완하는 형태로 지진보험 제도가 도입되었다.

일본지진재보험(日本地震再保險)이 자체적으로 보유한 인수책임(引受責任)을 제외한 부분 중 일정 부분을 지진보험에 관한 법률 등에 따라 매년 정부에 재보험할 때 정부가 인수하는 재보험 금액(再保險 金額)은 국회의 의결을 거쳐 그 한도를 정하고, 1회의 지진 등에 의해 지급 능력을 초과하는 보험금 지급이 발생할 경우에는 보험금 삭감지급도 가능하도록 하는 총 지불한도액(總 支佛限度額) 제도를 운영하는 등 여러 가지 형태로 보완하여 운영하고 있다.

제2절 대상 위험

지진(地震), 분화(噴火) 또는 해일(津波, 쓰나미)(이하, '지진 등'이라 한다.)을 직접 또는 간접의 원인으로 화재(火災), 손괴(損壞), 매몰(埋沒) 또는 유출(流出)에 따른 손해를 대상(지진보험법 제2조)으로 하며, 72시간 이내에 생긴 규모 2 이상의 지진 등은 일괄적으로 1회의 지진 등으로 간주한다.(단, 재해 지역이 전부 중복하지 않을 경우에는 별도의 지진으로 간주)(지진보험법 제3조)

화재보험에서는 지진 등에 의한 화재로 인해 생긴 손해 및 지진 등에 의해 화재가 확대됨으로써 발생한 손해는 보상의 대상이 아니다. 그 이유는 화재보험은 지진이 발생함으로서 발생하는 화재 등 대규모 피해는 포함하지 않고 평상시의 화재 발생확률을 바탕으로 보험료를 산정한 관계로 지진으로 인한 손해는 일반 화재보험에서는 보험금 지급 대상에서 제외하고 있다. 따라서 대규모 지진에 의한 피해는 이러한 지진 피해 등을 전제로 손해율을 산정한 별도의 지진보험으로 보상받도록 설계되어야 한다.

또한, 지진은 본진(本震)과 여진(餘震) 등 여러 번으로 나누어 찾아오며 파괴적인 대지진은 72시간 이내에 인접하여 발생할 수 있다는 지진전문가의 의견과 연속적인 지진에 대해서는 행정적으로 구분하기 어려운 점을 감안하여 72시간 이내에 발생하는 지진은 일괄적으로 1회의 지진으로 간주한다.

제3절 대상 물건

거주용(居住用)으로 제공되는 주택(住宅)(점포 겸용 주택도 포함) 및 가재(家財, 생활용 동산)를 보험대상으로 하며, 1개 30만엔(円)을 넘는 사치품은 제외한다.(지진보험법 제2조, 지진보험법 시행규칙 제1조)

지진보험의 목적이 되는 건물은 거주용 건물에 한정되며 공장, 사무실 전용 건물 등 거주용이 아닌 건물은 보험 대상이 되지 않는다. 또한, 가격이 30만엔(円)을 넘는 귀금속 및 보석, 골동품, 통화, 유가 증권(수표, 상품권 등), 우표, 자동차 등은 제외한다. 이때, 문, 담, 창고 등은 건물에 포함하여 계약할 수 있으며 가재(家財) 중 일부가 손실된 경우에도 지급 대상이 된다.

일부 가재(家財)만 파손될 경우에는 개별적인 피해 보상액을 산정하기 어려우므로, 지진보험을 계약할 때 계약금액과 함께 가재(家財)의 시가(時價)를 기재하고 이를 기준으로 보험사고가 발생할 경우 보상액을 산정한다.

제4절 계약 방법

지진보험 단독으로 계약은 불가하며, 화재보험 계약에 부대(付帯)하여 계약 할 수 있다.(지진보험법 제2조) 계약자의 선택에 의하여 부대를 제외하는 것도 가능하다.

지진보험은 거주용 건물 또는 그 건물에 수용되는 가재(家財)를 대상으로 하는 화재보험과 세트로 계약하며 지진보험만 단독 계약할 수 없다. 화재보험을 계약할 때 지진보험의 가입을 원하지 않는 경우에는 보험계약 신청서의 "지진보험 확인" 란에 날]인(捺印)이 필요하다.

현재 계약한 화재보험에 지진보험을 계약하지 않은 경우에는 기존 화재보험 계약기간 도중에라도 지진보험을 계약할 수 있다. 또한, 중도에 가입한 지진보험을 증액(增額)할 수도 있는데, 이때 증액하는 보험금액과 기존 계약한 보험금액의 합이 신규 지진보험가입 범위 안에서만 가입할 수 있다. 아파트 같은 집합 건물(集合 建物)의 경우, 각 구분 소유자(區分 所有者)가 개별적으로 화재보험에 가입한 경우에는 각 구분 소유자가 계약자가 되고 전유 부분(專有部分)과 공용 부분(共用 部分)중 각 구분 소유자의 공유 지분(共有持分)에 대해서 따로 보험 금액을 설정하게 된다. 아파트의 공용부분에 대해서 화재보험 계약을 체결하고 있는 경우에는 각 피보험자[1]마다 산출한 금액의 범위 내에서 지진보험을 개별적으로 계

1) 보험의 보상을 받는 사람 또는 보험의 대상이 되는 사람을 말한다. 보험 계

약을 체결할 수 있는데, 일부 구분 소유자가 지진보험을 가입하지 않을 경우 공용 부분 중 해당 공유 지분을 지진보험에서 제외할 수 있다. 손해보험협회(損害保険協会)의 조사에 따르면 2014년도의 공용 부분의 지진보험에 가입한 부대율(付帯率)[2](4개 손해보험회사 조사)은 약 37%로 낮은 수준에 머무르고 있다.

주택을 담보로 대출을 이용할 경우 은행 등의 담보 보전(担保 保全) 요구 때문에 일반적으로 대출을 완전히 상환(償還)할 때까지 화재보험에 가입한다. 그러나 화재보험 계약만으로는 지진 등이 발생했을 때 일어난 화재 등의 손해에 대해서는 보상되지 않기 때문에 지진보험에 가입함으로써 지진 피해 발생 시 지급되는 지진 보험금을 대출금 상환에 충당할 수 있게 되면 대출의 상환 부담(償還 負擔)이 경감(輕減)되는 효과가 발생한다.

목조주택(木造住宅)은 내진 성능이 낮고 건물의 재건이나 수선에 많은 비용이 필요할 수 있다. 또한, 아파트 같은 내진 성능이 높은 건물도 가재(家財)에 대해 큰 피해를 받을 수 있기 때문에 건물뿐만 아니라 가재(家財)에 대한 지진보험의 가입이 필요하다. 또한, 층수가 높아질수록 요동이 커지는 만큼 고층일수록 지진 피해에 더 대비할 필요가 있으며, 임대(賃貸)의 경우는 가재에 대한 지진보험 가입이 필요하다. 이처럼 건물의 구조 등에 따라 지진보험 가입의 필요성이 달라진다.

약자와 동일인이 될 수도 있고, 딴사람이 될 수도 있다. 후자의 보험 계약을 "타인을 위한 보험 계약"이라고 한다.

2) 화재보험 가입자 중 지진보험계약이 부대(附帶)되는 비율

제5절 보장 비율

지진보험은 주계약[3]인 화재보험 보험금액의 30%~50% 범위 내에서 가입이 가능하다.(지진보험법 제2조) 지진 피해가 대규모 지역에 광범위하게 발생하여 피해 액수가 거대할 수 있기 때문에 손해보험회사의 담보력, 정부의 재정 등을 고려하여 화재보험 계약의 최대 50%로 제한하고 있다.

제6절 보험금 한도

지진보험은 보험의 대상인 건물 또는 가재(家財)의 손해 정도에 따라서 보험 금액의 일정 비율이 지급되는데, 건물은 5,000만엔(円), 가재(家財)는 1,000만엔(円)이 한도이다.(지진보험법 시행령 제2조)

---

3) 지진보험은 화재보험을 계약할 때 주계약인 화재보험에 부대(附帶)하여 가입할 수 있는 보험이다, 이 경우 화재보험을 주계약이라고 부른다.

제7절 보험금 지급

주택과 가재(家財)의 손해 정도에 따라 보험금이 지급되는데, 지진 등이 발생한 다음 날부터 손해를 기산(起算)하고 10일을 경과(經過)한 후에 생긴 손해에 대해서는 인과 관계(因果 關係)가 분명하지 않기 때문에 보험금이 지급되지 않는다. 기초 기둥, 벽, 지붕 등 주요 구조부(主要 構造部)에 해당하지 않는 문, 담 또는 울타리에만 손해를 입은 경우 등에는 보험금이 지급되지 않는다.(지진보험법 시행령 제1조)

▌표 2 2017.1.1. 이후 보험계약에 대한 보험금 지급액

손해의 정도	보험금 지급액
전손(全損)	보험 금액의 100%(시가[4]가 한도)
대반손(大半損)	보험 금액의 60%(시가의 60%가 한도)
소반손(小半損)	보험 금액의 30%(시가의 30%가 한도)
일부손(一部損)	보험 금액의 5%(시가의 5%가 한도)

출처: 日本地震再保險 공시자료

▌표 3 2016.12.31. 이전 보험계약에 대한 보험금 지급액

손해의 정도	보험금 지급액
전손(全損)	보험 금액의 100%(시가가 한도)
반손(半損)	보험 금액의 50%(시가의 50%가 한도)
일부손(一部損)	보험 금액의 5%(시가의 5%가 한도)

출처: 日本地震再保險 공시자료

4) 신축 가격에서 사용 연수만큼 감가(減價)액을 공제(控除)한 가액을 말한다.

▌표 4 2017.1.1. 이후 보험계약에 대한 손해의 구분

손해의 정도	건물		가재
	주요 구조부의 손해액	소실, 유출된 바닥 면적	가재의 손해액
전손(全損)	건물 시가의 50% 이상	건물 바닥면적의 70% 이상	가재 시가의 80% 이상
대반손(大半損)	건물 시가의 40% 이상 50% 미만	건물 바닥면적의 50% 이상 70% 미만	가재 시가의 60% 이상 80% 미만
소반손(小半損)	건물 시가의 20% 이상 40% 미만	건물 바닥면적의 20% 이상 50% 미만	가재 시가의 30% 이상 60% 미만
일부손(一部損)	건물 시가의 3% 이상 20% 미만	건물이 침수 또는 45cm를 넘는 구멍이 생겼으나, 전손, 대반손, 소반손이 아닌 경우	가재 시가의 10% 이상 30% 미만

출처: 日本地震再保險 공시자료

▌표 5 2016.12.31 이전 보험계약에 대한 손해의 구분

손해의 정도	건물		가재
	주요 구조부의 손해액	소실, 유출된 바닥 면적	가재의 손해액
전손(全損)	건물 시가의 50% 이상	건물 바닥면적의 70% 이상	가재 시가의 80% 이상
반손(半損)	건물 시가의 20% 이상 50% 미만	건물 바닥면적의 20% 이상 70% 미만	가재 시가의 30% 이상 80% 미만
일부손(一部損)	건물 시가의 3% 이상 20% 미만	건물이 침수 또는 45cm를 넘는 구멍이 생겼으나, 전손, 반손이 아닌 경우	가재 시가의 10% 이상 30% 미만

출처: 日本地震再保險 공시자료

제8절 가입 제한

지진에 대한 경계 선언(警戒 宣言)[5]이 선포될 경우, 이 기간 중에는 지진보험을 가입할 수 없는 지역이 있다. "대규모 지진대책 특별조치법(大規模地震対策特別措置法)"에 따른 경계 선언이 발령되었을 때 동법에 근거하는 "지진 방재방안 강화지역(地震防災対策強化地域)"[6]으로 지정된 지역 내에 소재하는 건물, 가재(家財)에 대해서 지진보험의 신규 계약 체결 및 기존 보험계약의 계약금액 증액은 불가능하다. 그러나 경계선언 기간 중에 만기가 되는 지진보험 계약에 대해서는 계약금액이 기존 계약의 수준 이하이면 계속해서 계약할 수 있다. (지진보험법 제4조의 2)

현재 일본 동해(東海)지역이 지진방재 대책 강화지역으로 지정되어있다.(내각부 고시 41호, 2012.3.3. 기준)

---

5) 대규모 지진대책 특별조치법(1978년 법률 제73호)에 따라 내각 총리대신은 기상청장으로부터 지진 예지정보 보고를 받은 경우, 긴급하게 지진 방재 응급 대책을 실시하는 것이 필요하다고 인정될 때는 국무회의에서 지진 재해에 관한 경계 선언을 하도록 되어있다.

6) 지진 방재대책 강화지역내의 시정촌(市町村) 및 강화 지역 이외의 시정촌(市町村)이 합병한 경우 합병 후의 시정촌(市町村)이 다시 강화 지역으로 지정될 때까지 합병 전의 시정촌(市町村)이 강화 지역의 대상이 된다.

▌표 6 경계 선언의 발령에 의한 지진보험의 인수가 제한되는 지역

都県	市町村	
東京	村	新島、神津島、三宅
神奈川	市	平塚、小田原、茅ヶ崎、秦野、厚木、伊勢原、海老名、南足柄
	町村	高座郡＝寒川、 中郡＝大磯、 二宮、 足柄上郡＝中井、大井、 松田、 山北、 開成、 足柄下郡＝箱根、 真鶴、 湯河原
山梨	市	甲府、富士吉田、都留、山梨、大月、韮崎、南アルプス、北杜、甲斐、笛吹、上野原、甲州、中央
	町村	西八代郡＝市川三郷、 南巨摩郡＝早川、 身延、 南部、富士川、中巨摩郡＝昭和、南都留郡＝道志、西桂、忍野、山中湖、鳴沢、富士河口湖
長野	市	岡谷、飯田、諏訪、伊那、駒ヶ根、茅野
	町村	諏訪郡＝下諏訪、富士見、原、上伊那郡＝辰野、箕輪、飯島、 南箕輪、 中川、 宮田、 下伊那郡＝松川、 高森、阿南、阿智、下條、天龍, 泰阜、喬木、豊丘、大鹿
岐阜	市	中津川
静岡	全域	
愛知	市	名古屋、豊橋、岡崎、半田、豊川、津島、碧南、刈谷、豊田、安城、西尾、蒲郡、常滑、新城、東海、大府、知多、知立、高浜、豊明、日進、田原、愛西、弥富、みよし、あま、長久手
	町村	愛知郡＝東郷、 海部郡＝大治、 蟹江、 飛島、 知多郡＝阿久比、 東浦、 南知多、 美浜、 武豊、 額田郡＝幸田、北設楽郡＝設楽、東栄
三重	市	伊勢、桑名、尾鷲、鳥羽、熊野、志摩
	町村	桑名郡＝木曽岬、度会郡＝大紀、南伊勢、北牟婁郡＝紀北

출처: 日本地震再保險 홈페이지

제9절 보험료

지진 위험은 화재 등에 비해 발생 빈도가 낮고 발생 시기가 불규칙하며 일단 지진 피해가 발생하면 거대한 손해를 가져온다는 특성을 갖고 있다. 이 때문에, 지진보험 제도 발족 이후 수 십 년 정도밖에 안 되는 지진보험의 시급 실직 데이디로 지진보험료를 산정하기에는 충분하지 않은 한계가 있다.

따라서 지진조사연구 추진본부[7](地震調査研究推進本部)가 발표하는 확률론적 지진동 예측지도(確率論的地震動予測地図)의 작성에 이용되는 지진 발생 데이터를 바탕으로 손해보험요율 산출단체에 관한 법률(損害保険料率算出団体に関する法律)을 토대로 설립된 손해보험요율 산출기구(損害保険料率算出機構)가 합리적인 방법으로 지진보험료를 산출한다.

보험료는 "수지 균형이 이루어지는 범위 내에서 최대한 낮은 보험료를 산정한다."(No Loss No Profit 원칙, 지진보험법 제5조)는 원칙에 따라 지역별, 구조별(주로 목조, 비목조로 구분)로 향후 지급 보험금을 예측하여 산출한다. 보험료는 장래의 보험금 지급으로 충당되는 부분인 순보험료(純保険料)와 보험회사의 경비 등에 충당되는

7) 지진 방재 대책 특별 조치법에 따라 지진조사 연구의 책임 체제를 밝히고 이를 정부 일원적으로 추진하기 위해 총리실(현 문부과학성)에 설치에 설치된 정부의 특별 기관

부분인 부가보험료(附加保險料)로 구성된다. 순보험료는 현재의 상황에서 지진이 발생할 경우에 지급이 예상되는 보험금을 예측 시뮬레이션[8)]에 의하여 산출하고 이를 바탕으로 산출한다. 부가 보험료는 영업비(營業費), 손해조사비(損害調査費) 및 대리점 수수료(代理店 手數料)로 구성된다. 지진보험은 정부가 재보험을 인수하는 방식으로 참여하고 있음에 따라 이윤이 포함되지 않고 화재보험에 부대(附帶) 가입하는 방식을 통하여 영업비를 가능한 한 낮추고 있다.

또한, 이러한 보험료가 산출 시점에서는 적정하게 산출되었으나, 리스크가 계속 변하기 때문에 보험료가 적정 수준인지에 대해서는 금융청(金融廳)에서 매년 점검을 하고 있다.

지진보험료로 납입한 보험료에 대해서 소득세는 연간 최고 50,000엔(円), 개인주민세는 지진보험료의 1/2, 최고 25,000엔(円)을 과세 소득에서 공제해주는 보험료 공제제도가 실시되고 있다.

---

8) STEP 1 예측지도의 기초 데이터가 되는 모든 개별 지진에 대해 어디서 어느 정도 흔들릴지, 어디까지 어느 정도의 쓰나미가 발생할지 등을 계산
STEP 2 현재 지진보험 계약 데이터에 근거하여, STEP 1의 지진이 발생했을 경우, 어느 정도의 보험금이 지급될지 계산
STEP 3 지진이 발생할 확률을 고려하여, 1년간 예상보험금을 계산
STEP 4 STEP 1~3의 계산을 모든 지진에 대해 실시, 합산하여 향후 1년간의 보험금을 계산
STEP 5 향후 1년간 보험금을 보유보험금액으로 나누어 순보험료를 산출

(1) 기본 보험요율

▌표 7 보험 금액 1,000만엔(円)당, 보험기간 1년, 단위: 엔(円)

등지(等地)	지역(都道府県)	내화(耐火)	비내화(非耐火)
1	岩手県、秋田県、山形県、栃木県、群馬県、富山県、石川県、福井県、長野県、滋賀県、鳥取県、島根県、岡山県、広島県、山口県、福岡県、佐賀県、長崎県、熊本県、鹿児島県	6,800	11,400
	北海道、青森県、新潟県、岐阜県、京都府、兵庫県、奈良県	8,100	15,300
2	福島県	7,400	14,900
	宮城県、山梨県、香川県、大分県、宮崎県、沖縄県	9,500	18,400
	愛媛県	12,000	23,800
	大阪府	13,200	23,800
	愛知県、三重県、和歌山県	17,100	28,900
3	茨城県	13,500	27,900
	埼玉県	15,600	27,900
	徳島県、高知県	13,500	31,900
	千葉県、東京都、神奈川県、静岡県	22,500	36,300

출처: 日本地震再保険 홈페이지

(2) 할인율

아래에 해당하는 경우에는 보험료가 할인되며 중복 적용은 할 수 없다. 면진건축물 할인과 내진진단 할인은 2007년 10월 1일 이후의 계약에 적용하며, 내진등급 할인과 건축년 할인은 2001년 10월 1일 이후의 계약에 적용한다.

① 면진건축물 할인(免震建築物 割引) : 주택의 품질확보의 촉진 등에 관한 법률(住宅の品質確保の促進等に関する法律)에 근거한 면진 건축물(免震建築物) 또는 그 건물에 수용된 가재

할인율	50%

② 내진등급 할인(耐震等級 割引) : 주택의 품질확보의 촉진 등에 관한 법률(住宅の品質確保の促進等等に関する法律)에 근거한 내진등급(耐震等級)에 해당하는 건물 또는 그 건물에 수용된 가재

할인율	내진 등급 3	50%
	내진 등급 2	30%
	내진 등급 1	10%

③ 지방공공단체에 의한 내진진단 할인耐震診断 割引) : 지방공공단체에 의한 내진 진단(耐震 診断) 또는 내진 개수(耐震 改修)의 결과, 법률의 규정과 동등한 내진 성능을 가진 것으로 확인된 건물 또는 그 건물에 수용된 가재

할인율	10%

④ 건축년 할인(建築年 割引) : 1981년 6월 이후에 신축된 건물 또는 그 건물에 수용된 가재

할인율	10%

(3) 장기 계약의 할인(長期契約 割引)

장기 계약(2년~5년 장기보험 보험료 불입 특약조항을 붙인 계약)인 경우는 기본 요율과 할인율로 산출된 보험요율에 장기계수(長期係數)를 곱하여 산정한다.

기간	2년	3년	4년	5년
계수	1.90	2.75	3.60	4.45

(4) 보험료 계산의 예

실제로 적용되는 보험료는 보험의 대상인 건물 및 가재를 수용하는 건물의 소재지별, 구조별 기본 보험요율에 각 종 할인율을 곱하여 계산한다.

- 소재지 : 효고현(兵庫県)
- 건물 구조 : 비내화(목조)
- 건축년월 : 2000년 1월 건물의 경우
- 주계약인 화재보험의 보험 금액
  - 건물 2,000만엔(円)
  - 가재(家財) 1,000만엔(円)
  - 보험 기간 : 1년

① 지진보험의 보험 금액을 결정 : 보장 비율 50%로 가정

가. 건물 지진보험 금액의 계산

➡ 화재보험의 보험 금액×50%=1,000만엔(円)

나. 가재(家財) 지진보험 금액의 계산

➡ 화재보험의 보험 금액×50%=500만엔(円)

② 보험요율 확인

– 효고 현의 비내화(목조 구조)의 기본 요율

➡ 1.53(보험 금액 1,000엔(円)당 보험료)

③ 할인율 확인

– 1981년 6월 이후 신축

➡ 건축년 할인을 적용, 할인율은 10%

④ 지진보험 보험료(십엔 이하는 절상)

가. 건물 지진보험료

➡ 10,000천엔(円)×1.53×(100%−10%)=13,800엔(円)

나. 가재(家財) 지진보험료

➡ 5,000천엔(円)×1.53×(100%−10%)=6,900엔(円)

제10절 정부의 재보험(再保險)

지진 위험이 갖는 특성으로 인해 민간 손해보험회사만의 부담으로는 지진보험 제도를 운영하기 어렵기 때문에 정부가 재보험(再保險)을 통해서 관여함으로써 국민에게 저렴한 보험료로 안정적으로 지진보험을 제공할 수 있다. 거대 지진 등이 발생할 경우 예상되는 거액의 보험금 지급으로 손해보험회사만의 지불 능력에는 한계가 있으므로, 재보험[9]을 통해 정부가 보험 책임을 분담(分擔)하는 형태로 운영되고 있다.

손해보험회사가 인수한 지진보험 계약의 보험 책임은 다시 일본지진재보험(日本地震再保險)이 재보험(再保險) 형태로 인수하여 리스크를 평준화(平準化), 분산화(分散化)시키고, 이중 일본지진재보험이 자체적으로 보유하는 부분을 제외한 부분 중 일정 부분을 지진보험에 관한 법률 등에 따라 매년 국회의 의결을 거쳐 규정되는 한도액만큼 정부에 재재보험(再再保險) 하고 있다. 이때 정부의 재보험을 제외한 보험 책임은 초과 손해액 재보험(超過 損害額 再保險) 방식[10]에 의하여 최초 지진보험을 계약한 손해보험회사에 재보험하고 있다. 이렇게 대규모 지진 등으로 인한 이재민의 생활 안

9) 보험회사가 원수 보험 계약에 따른 보험금 지급 책임의 전부, 혹은 일부를 다른 보험회사에 전가하는 것을 말한다.

10) 지급 보험금의 총액이 일정 한도를 초과한 경우, 그 초과 손해금액을 어느 한도를 정하고 보상하는 방식

정에 기여하는 것을 목적으로 설립된 일본지진재보험에 대하여 손해보험회사뿐만 아니라 정부가 재보험의 형태로 관여함으로서 거대 지진 발생 시에도 안정적인 보험금지급을 도모할 수 있다.

손해보험회사의 인수 비율은 지진보험의 위험준비금 잔액 등에 따라서 결정되고 있다. 2017년도 기준 재보험 보유 비율(保有 比率)은 일본지진재보험 20%, 손해보험회사 2%, 일본 정부 78%이다.

▌그림 1 재보험 구조

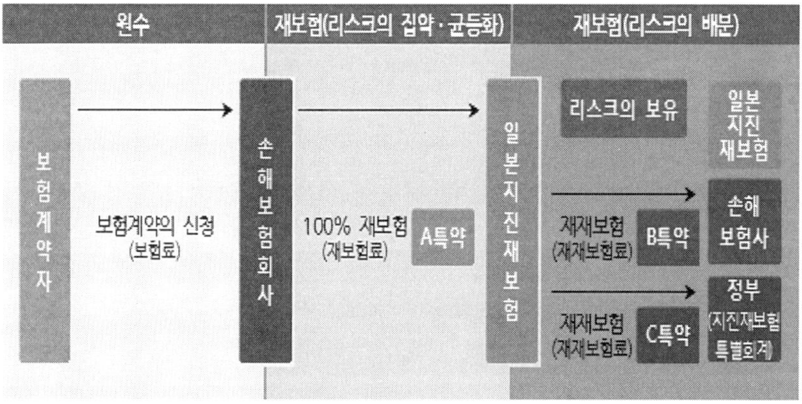

출처: 日本地震再保險 공시 자료

또한, 지진 재해는 다른 보험 사고에 비하면 발생 빈도가 극히 낮지만 일단 발생한 경우 거액의 손해를 가져올 수 있기 때문에 평소 지진보험료 중 경비부분을 제외한 금액과 적립된 준비금에서 발생하는 운용 이익을 미래의 지진 재해에 대비한 준비금으로 모두 적립하고 있다.

일본지진재보험과 손해보험회사는 지진보험 위험준비금(地震保險 危險準備金) 항목으로, 정부는 지진재보험 특별회계(地震再保險特別會計)에서 정부 책임준비금(政府 責任準備金) 항목으로 각각 보유하고 있으며 2016연도 말 잔액은 1조 6,714억엔(円)[11](일본지진재보험 2,788억엔(円), 손해보험회사 468억엔(円), 정부 1조 3,457억엔(円))이다. 보험금 지급을 위하여 특별히 필요할 때는 손해보험회사가 정부의 자금알선(資金斡旋)이나 융통(融通)에 협조하기로 되어 있다.

정부의 지진재보험 특별회계(地震再保險 特別會計)는 지진재보험에 관한 회계를 명확히 하기 위해 설치되었다. 지진재보험에 관한 회계를 일반 회계와 같이 처리하는 것이 정부의 시책을 통괄하고 재정 건전성을 확보하는 관점에서는 바람직하나, 현재와 같이 정부의 활동이 광범위하고 복잡해지는 경우에는 오히려 자금운영 실적 등을 명확하게 계산할 수 없는 결과를 가져 올 수 있기 때문에 정부 내에 특별회계를 설치하고, 일반 회계와 구분하여 관리한다.

특별 회계를 마련한 의의로는 「i) 사업의 내용이나 성격에 따라 수익과 부담의 관계 및 사업별 수지(收支)를 보다 명확하게 할 수 있다. ii) 이에 따라 적정한 수익자 부담의 사업수익 확보와 지출 삭감 노력을 고무시킬 수 있다. iii) 탄력 조항과 특례 규정의 설치

11) 출처: 일본지진재보험 2016년 결산자료, 손해보험사 위험준비금에는 세금 효과가 반영된 이연자산이 포함되어 있으며, 정부의 책임준비금 항목은 2016년 결산관련 국회 승인시의 금액

등으로 탄력적이고 효율적인 예산 운영이 가능해진다.」라는 점을 들 수 있다.

지진재보험 특별회계는 독립 채산(獨立 採算)을 전제(지진보험법 제5조 제2항)로 매년 예상되는 재보험료 수입, 잡수입(적립금의 운용 수익 등)을 세입(歲入)으로 하고 다시 보험금 지급(재보험 비용), 사무취급 수수료, 잡지출(차입금이 있는 경우의 이자 비용 등)을 세출(歲出)로 계상한다. 세입 세출 결산상 잉여금이 발생할 경우에는 적립금으로 적립하여 재정 융자 특별회계에 전액 예탁한다.

재보험금 지급에 필요한 자금이 부족한 경우, 다시 보험금 지급에 필요한 차입금 등 기타 소득의 증가를 확보 할 수 있는 경우에는 그 증가 수익의 범위 내에서 보험금 지급이 가능하기 때문에 예산을 보정하지 않고 탄력적인 재보험금 지급이 가능하다. 연도 내에 상환이 가능하다면 일시 차입에 의한 것도 가능하나, 차입이 어려운 경우 일반 회계로부터 차입하게 된다. 이때, 차입 금리는 무이자이며 이것은 금리를 적용하게 되면 금리 상황 등에 따라 지진보험 제도가 유지되지 않을 우려가 있기 때문이다.

▌표 8 2016년도 지진 재보험 특별회계 결산(2017. 3월말 현재)

1. 결산의 개요

단위: 백만엔(円)

세입(歲入)		세출(歲出)	
재보험료수입 (再保険料収入)	124,566	재보험비 (再保険費)	132,122
잡수입 (雑収入)	21,064	사무취급비 (事務取扱費)	55
합계	145,631	합계	132,177

출처: 재무성 홈페이지

2. 잉여금(剰餘金)

(1) 잉여금 : 13,454백만엔(円)
(세입계 145,631백만엔(円) – 세출계 132,177백만엔(円))

(2) 잉여금이 생긴 이유

재보험금 지급 청구가 적은 관계로 세입과 세출의 차액인 잉여금이 발생

(3) 잉여금 처리 방법

"특별 회계에 관한 법률" 제34조 제1항의 규정에 의한 적립금으로 적립하도록 하고 있다. 지진재보험 특별회계에서는 매 회 연도의 세입 세출 결산상 잉여금을 발생한 경우에는 해당 잉여금 가운데 재보험금 지급, 차입금 상환 및 이자 지급에 충당하기 위하여 필요한 금액을 적립금으로 적립한다.

3. 적립금(積立金)

(1) 적립금 잔액 : 1,302,071백만엔(円)

(2) 2016년 결산으로 인한 적립액 : 13,454백만엔(円)

(3) 적립금의 목적

"특별 회계에 관한 법률" 제34조 제1항의 규정에 의하여 지진이 발생할 경우에 지급할 재보험금과 차입금 상환 및 이자 지급에 충당하기 위하여 필요한 금액을 적립금으로 적립한다.

(4) 적립금의 수준

지진보험의 특성상 거대 손해의 발생가능성과 대수의 법칙이 성립되지 않는 점 등을 감안할 경우, 민간 손해보험회사만으로는 위험을 감당할 수 없어 정부가 민간 손해보험회사의 지진보험 책임을 재보험하고 유사시 재보험금 지급을 위하여 평소 적립금을 적립한다. 적립금의 수준은 예측 곤란한 지진 재해의 특이성이나, 보험 심의회(1965년)에서 검토된 "적어도 간토대지진(關東大地震) 정도의 지진이 발생한 경우에도 보험금 삭감의 사태가 생기지 않는 수준"을 바탕으로 1회의 지진 등에 의한 총 지불한도액(總 支佛限度額)을 설정한다.

(5) 적정 보험요율의 산정

지진보험의 보험요율은 지진 피해 발생을 예측하기 어렵고 발생할 경우 손해의 규모도 크기 때문에 영리 목적을 배제하고 수지상등의 원칙(收支相等의 原則)에 따라 현재 보유 보험금액을 토대로 향후 발생할 수 있는 모든 지진을 지진조사연구 추진본부가 공표하는 확률론적 지진동 예측지도에 따라 만들어진 진원모델에 의하여 손해를 시뮬레이션하고 예상되는 지급 보험금을 산출하고 있다. 그리고 여기에 따른 보험료는 손해보험요율 산출기구가 금융청에 신고하고 재무성과 협의[12]를 거쳐서 정한다.

12) 기관별 역할을 보면 국회(법률 제정, 정부 보유 재보험한도 승인), 재무성(제도운영 전반감독 및 재보험 담보력 제공), 금융청(보험사 지불능력감독, 상품 및 요율 허가, 요율 검증), 지진조사연구추진본부(조사연구기관), 손해보험회사(보험상품 판매, 손해조사, 보험금 지급, 일정비율 손실부담), 일본지진재보험(재보험구조 관리, 위험준비금 운용, 일정비율 손실부담), 손해보험요율산출기구(리스크 모델링, 기준요율 산출)로 나눌 수 있다.

▍표 9 지진관련 재보험금 지급액(지급액 상위 20위)

발생연월일		지진명	규모(M)	지급보험금(억엔)
2011	3月11日	平成23年東北地方太平洋沖地震[*2]	9.0	12,749
2016	4月14日	平成28年熊本地震	7.3	3,753
1995	1月17日	平成7年兵庫県南部地震(阪神·淡路大震災)	7.3	783
2011	4月7日	宮城県沖を震源とする地震[*2]	7.2	324
2005	3月20日	福岡県西方沖を震源とする地震	7.0	170
2001	3月24日	平成13年芸予地震	6.7	169
2004	10月23日	平成16年新潟県中越地震	6.8	149
2007	7月16日	平成19年新潟県中越沖地震	6.8	82
2005	4月20日	福岡県西方沖を震源とする地震	5.8	64
2003	9月26日	平成15年十勝沖地震	8.0	60
2008	6月14日	平成20年岩手·宮城内陸地震	7.2	55
2009	8月11日	駿河湾を震源とする地震	6.5	52
2016	10月21日	平成28年鳥取県中部地震	6.6	46
2011	3月15日	静岡県東部を震源とする地震[*2]	6.4	46
2008	7月24日	岩手県沿岸北部を震源とする地震	6.8	40
2011	4月11日	福島県浜通りを震源とする地震[*2]	7.0	37
2011	6月30日	長野県中部を震源とする地震	5.4	33
2000	10月6日	平成12年鳥取県西部地震	7.3	29
2007	3月25日	平成19年能登半島地震	6.9	27
2013	4月13日	淡路島付近を震源とする地震	6.3	23

출처: 日本地震再保險 공시자료

제11절 총 지불한도액(總 支佛限度額)

지진보험의 보험금 지급이 확실히 이루어지도록 정부가 재보험을 통하여 관여하고 있다. 그러나 지진 피해의 발생은 예측하기 어렵고, 또 대규모 지진이 발생하여 그 동안 적립된 준비금으로 부족할 경우를 대비하여 1회의 지진 등에 의해 정부와 손해보험회사가 지급하는 보험금 총액에 대한 한도액을 설정하고 있다.

규모는 사상 최대인 간토대지진(關東大地震)규모의 지진 재해가 발생한 경우에도 보험금 지급에 차질이 없는 금액으로 설정되어 있는데, 2017년 4월 1일 현재 11.3조엔(円)을 한도로 하고 있다.

▌그림 2 보험금 지급 구조(2017.4.1. 현재)

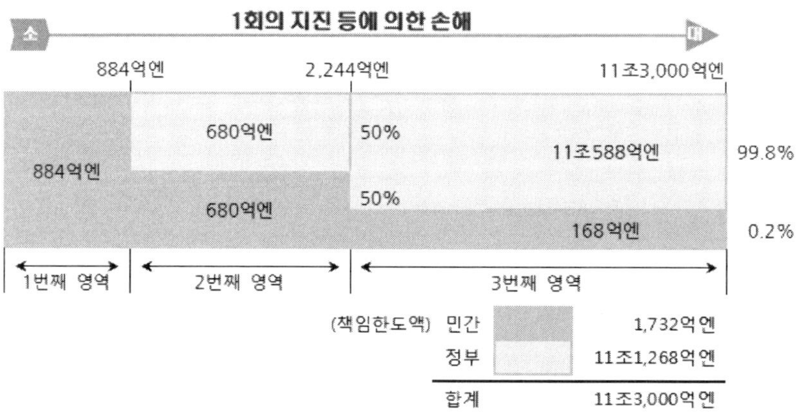

출처: 日本地震再保險 공시자료

이 한도액은 지진보험 계약액에 따라서 계속적으로 재검토되고 있다. 만일 산출된 보험금 총액이 총 지불한도액을 넘을 경우보험금을 삭감하여 지급할 수 있다.(지진보험법 제4조, 지진보험법 시행령 제4조).

1회의 지진 등에 의하여 지급되는 보험금 지급 구조(2017.4.1. 기준)를 보면 보험금의 액수가 884억엔(円)(1번째 영역)까지는 일본지진재보험(日本地震再保險)이 부담한다. 884억엔(円)을 넘는 2,244억엔(円)까지(2번째 영역)은 정부와 민간이 50%씩 부담한다. 2,244억엔(円)을 넘는 부분(3번째 영역)에 대해서는 정부가 대부분을 부담하도록 되어있다. 손해보험회사가 지진에 대한 보험금 지급으로 다른 보험종목(자동차 보험, 화재보험 등)의 계약자에게 영향을 미치지 않도록 손해보험회사의 책임 부담액에는 1개 사업연도(事業年度)의 통산 한도액이 설정되어 있다.

제3장 기타 보험 및 공제제도

제1절 기업지진보험(企業地震保險)

"지진보험에 관한 법률(地震保険に関する法律)"이 제정된 이후 도입된 지진보험은 일반 가계(家計)의 주택 및 가재(家財)에 발생한 지진 피해를 보상하는 가계지진보험(家計地震保險)이지만 오피스빌딩, 공장 및 창고 등 기업이 소유한 물건에 대해서 발생한 지진 피해를 담보하는 보험은 이와 별도로 기업지진보험(企業地震保險)이라고 한다.

통상 기업용 화재보험에서는 지진으로 인한 보험금지급은 면책(免責)조항으로 보험금 지급 대상이 아니지만 1923년의 간토대지진(關東大地震) 이후 기업에 대한 지진 보험수요가 높아지면서 1956년부터 화재·동산 종합보험, 기술보험의 보상범위를 확대하는 확장담보 형태로 도입되었다. 도입당시에는 주계약에 부대(附帶)하는 담보 형태로 가입이 가능하였으나 1990년대 후반의 규제완화흐름의 영향으로 자유로운 보험상품 설계가 가능하게 되면서 지진리스크의 보험상품 단독 가입도 가능하게 되었다.

지진조사연구 추진본부가 제공하는 보험요율 산정을 위한 기초자료를 바탕으로 공통된 보험요율을 산정하는 가계지진보험과는 달리 기업지진보험은 각 보험회사가 자체적으로 리스크를 판단하여 보험요율을 산정하기 때문에 보험요율이 각 사별로 다르게 설정되어 있다.

또한, 인수한 보험책임을 민간 손해보험회사, 일본지진재보험 및 정부가 공동으로 책임을 지는 구조가 방식을 지는 가계지진보험과는 달리 기업지진보험에서는 각 손해보험회사가 독자적인 재보험을 통하여 위험을 분산하고 있다. 지진이 발생할 경우 지진의 피해범위를 특정하기는 어렵지만 예상되는 피해 지역 분류를 통해 리스크 관리를 하고 있다.

또한, 피해 규모가 대규모인 점을 감안하여, 보험금을 지급할 때는 손해액에 대해서 항상 일정비율(축소율)로 계산한 금액으로 보상하는 축소지급 방식(縮小支給 方式)과 일정 한도액의 범위 내라면 손해액 전액을 보상하는 방식하는 지급한도액 방식(支給限度額 方式)을 통해 리스크를 보완하고 있다. 과거에는 주로 축소지급 방식을 이용하였으나 지금은 지급한도액 방식을 주로 사용하고 있다.

제2절 지진화재비용보험(地震火災費用保險)

일반적인 화재보험에서는 지진 등에 의한 화재는 보상대상에서 제외 되었으나, 1984년 지진에 기인하는 사고를 원인으로 한 화재로 손해가 발생한 경우에도 보험금을 지급하는 지진화재비용보험(地震火災費用保險)이 도입되었다. 지진화재비용보험은 창고 물건을 제외한 각종 화재보험에 자동 첨부되어 지진 등에 의한 피해가 발생할 경우, 지진발생 직후에 필요하다고 생각되는 최소한의 비용을 지급하여 피해자들의 생활 안정 및 재건 활동을 지원할 목적으로 지급되는 보험이다.

지진 등을 원인으로 발생하는 화재에 의해 건물이 반소[1](半燒) 이상 또는 가재가 전소[2](全燒) 하는 경우에 보험금액의 5%[3]를 지급한다.

---

1) 건물의 주요 구조부의 화재에 의한 손해액이 그 건물의 협정 재조달 가액의 20% 이상인 경우 또는 건물의 소실한 부분의 면적이 건물 연면적의 20%이상인 경우
2) 가재의 화재에 의한 손해액이 그 가재의 재조달 가액의 80% 이상인 경우
3) 지진 등에 의한 보험의 대상이 멸실(건물이 무너진 경우 등) 된 뒤에 발생한 화재로 인한 손해는 제외

제3절 농업협동조합의 건물갱생공제(建物更生共濟)

농업협동조합(農業協同組合)은 조합원의 복리후생을 위하여 유사보험 제도인 공제(共濟) 제도를 운영하고 있다. 농업협동조합의 공제는 원래 농업협동조합의 조합원을 위한 상부상조(相扶相助)를 목적으로 도입 되었지만, 비조합원이라도 가입할 수 있고 농업종사자가 아니어도 출자금을 지불하면 준조합원이 되어 공제에 가입할 수 있다. 농업협동조합의 공제는 농업협동조합이 비영리(非營利) 조직인 관계로 이익을 남길 필요가 없고 판매 원가가 저렴하기 때문에 민간 손해보험회사에 비해 저렴한 보험료로 운영 가능한 것이 특징이다.

농업협동조합의 건물갱생공제(建物更生共濟)는 지진 등의 원인으로 손해가 발생했을 경우 손해비율(손해액수/공제가격)이 5% 이상일 때, 손해액의 50%까지 보상되며 건물이 전손(全損)이 아닌 경우는 손상 비율(損傷 比率)에 따라 공제금(共濟金)이 지불된다. 또한 지진 등에 의해서 건물에 대해 손해가 발생하여 거주자가 피해를 입은 경우에도 상해 공제금(傷害 共濟金)이 지급된다.

제4절 전국노조공제의 자연재해공제(自然災害共済)

전국 노동자 공제생활 협동조합 연합회(全国労働者共済生活協同組合連合会)는 소비생활협동조합법에 의거 하여 후생노동성의 인가를 받아 설립된 공제사업을 실시하는 협동조합이다. 노동조합을 중심으로 한 공제 활동은 1954년에 오사카에서 시작되었으며, 1957년 공제 사업을 개시하고 있던 전국 18개 노동자 공제 생협이 「전국 노동자 공제생활 협동조합 연합회」를 결성해 1975년에 전국의 사업을 통일하고 약칭을 전노제(全労済)로 변경하였다.

자연재해공제(自然災害共済)는 1995년 효고현 남부 지진 이후 지진재해에 대한 위기의식이 높아져 가입자들 사이에서 지진 재해에 대응하는 공제 상품 도입 요구로 인해 2000년에 도입되었다. 지진으로 인하여 손해를 입었을 경우에는 대형(大型)의 경우 최고 1,800만엔(円), 표준형(標準型)의 경우 최고 1,200만엔(円)의 보험금이 지급된다.

제5절 손해보험 상품의 추가 특약(追加 特約)

기존 손해보험의 다른 계약에 지진 관련 특약(特約)을 가입한 후, 지진 등으로 인하여 건물, 가재(家財) 등에 피해가 발생할 경우 보상받을 수 있도록 설계된 상품이다, 주계약인 화재보험 계약의 최대 50%까지 “지진 위험 등 추가보상 특약(追加報償 特約)”을 가입함으로써 지진 등을 원인으로 발생한 손해에 대해서 지진보험을 통한 보상 이외에 추가로 보상이 가능하다.

주계약인 화재보험 계약의 50%까지는 지진보험을 통하여 보상받고 추가 50%는 “지진 위험 등 추가 보상 특약”을 통하여 보상받을 수 있도록 함으로써 지진 피해 발생 시 화재보험 계약의 100%까지 보상받을 수 있다. 이 특약을 통해 주계약인 화재보험의 50%인 지진보험의 낮은 가입한도를 높일 수 있는 상품으로 판매되고 있다.

제 4 장 마무리

일본은 2011년 동일본대지진을 비롯해 지금까지 많은 지진 피해를 입어왔다. 그러나 지진 피해에 대해 장기적으로 발생 횟수를 예측하는 것은 어느 정도 가능하게 되었으나 지진의 발생장소, 규모, 계절 등에 따라 피해액이 크게 달라지기 때문에 대수의 법칙(大數의 法則)이 성립되지 않는 등 지진보험의 도입에 여러 가지 제약조건이 존재한다. 이러한 과제를 해결하기 위해서 과학적인 방법으로 예측한 지진 위험을 바탕으로 보험료를 산출하고 일본지진재보험을 통해 지진 위험을 평준화(平準化), 균일화(均一化)한 후, 이를 다시 손해보험회사와 정부에 재보험하여 보험금 지급의 안정성을 높이는 방법으로 1966년 도입되었다. 도입 이후, 수차례 개정이 이루어져 현재[1)]에 이르고 있다.

지진보험 가입률(加入率)은 29.5%[2)](2015년도 기준)로서 낮은 수준을 보이고 있다. 이는 지진보험의 보상금액이 지진 피해주민들의 주택 재건(再建)에는 어느 정도 도움을 주고 있지만 가재(家財)에 대해서는 보상수준이 미흡하고, 주요 구조부(主要 構造部)에 피해가 없으면 지진보험금이 지불되지 않는 보상 기준으로 인해 보상금액 산정 시 이견(異見)이 발생 하는 점 등의 문제점과 함께 국민들의 지진보험 제도에 대한 낮은 인식에 의한 것으로 생각되며

---

1) 2016.3월말 보유계약은 150.3조엔(円)(16.9백만건), 2015년도 중 신계약은 건수 9.5백만, 보험금액 79.5조엔(円), 보험료 2,455억엔(円)

2) 해당 연도 말의 지진보험 계약건수를 해당 연도 말의 주민기본대장에 근거한 세대수로 나눈 수치이며 화재보험 가입자 중 지진보험계약이 부대되는 비율을 나타내는 부대율은 60.2%이다.

앞으로 일본 지진보험이 해결하여할 숙제로 생각된다.

그러나 여기에 비해 우리나라는 어떠한가? 지금까지 한반도는 지진으로부터 안전하다고 여겨졌으나, 2016년 9월 경주에서 발생한 규모 5.8의 지진과 2017년 11월 포항에서 발생한 규모 5.4의 지진은 우리나라가 지진으로부터 더 이상 안전하지 못함을 보여줬다. 특히 포항 지진은 도시의 인구 밀집지역에서 발생해 공동주택이나 학교 등 시설물의 피해가 많았다. 포항을 강타한 지진이 서울 등 많은 인구가 밀집된 대도시에 발생한다면 엄청만 규모의 인명 및 재산피해가 예견 된다. 거기에 서울을 관통하는 활성단층이 존재하는 것으로 추정된다는 보도까지 있는 걸 감안하면 많은 피해가 우려된다.

우리나라는 1988년 이후 내진설계를 꾸준히 강화해 왔지만 2016년 기준으로 전국 건축물 중 6.8%에만 내진설계가 적용되었다고 한다. 현재 지진 발생으로 건물 붕괴 등 피해가 발생할 경우 화재보험 등에 가입했더라도 천재지변은 약관(約款)상 보장 대상에서 제외되기 때문에 보상받기 어렵다. 지진특약에 가입하면 지진피해를 보상받을 수 있으나, 가입률이 미미하여 실효성이 거의 없는 실정이다. 보험개발원에 따르면 2016년말 기준 주택 지진보험의 세대가입률(世帶加入率)은 3.2%로, 일본에 비해 10분의 1 수준에 불과하다. 2015년 기준 화재보험 47만4,262건 중 지진특약에 가입된 계약은 2,893건으로 가입률이 0.6%에 불과하다.

또한, 가입된 지진보험의 대부분은 기업보험(企業保險)으로 가계 보험(家計保險)인 주택의 가입금액은 약 70조원으로 전체 지진특약 가입금액의 2.3%에 불과하며 전체 주택 공시가격(약 3,500조원, 2016년 기준) 대비 약 1.9% 수준이다. 지진 피해가 발생할 경우 보장을 받을 수 있는 가구 수도 얼마 되지 않지만 보험금을 받는다 해도 피해액에 비해 턱없이 낮은 수준이다.이렇게 지진 피해에 대한 우려는 더 커지고 있지만 지진 피해자들을 위한 보험체계는 여전히 미흡하다.

그러나 지진 피해는 발생빈도는 낮지만 일단 발생하면 피해가 막대한 재앙(catastrophe)이기 때문에 민간 보험회사들이 인수하기에는 한계가 있다. 일본의 경우 정부가 나서서 지진보험을 운영하고 있는 이유도 여기에 있다. 이제 우리나라도 지진에 대하여 'Yes Risk, Need Insurance(위험이 있어 보험이 필요하다)'는 인식의 전환과 함께 지진보험을 의무보험(義務保險)으로 도입할 필요가 있다. 일본 등 해외사례를 참조하여 정부 주도의 재보험제도 도입 등을 통해 적극적으로 지진보험의 도입을 검토할 필요가 있다.

참고 1 용어 해설

1. 가계 보험(家計 保険)

가계가 다양한 위험에 대처하기 위해 개인이 가입한 보험으로 기업이 가입한 보험과 구별하는데 사용된다. 개인의 주거와 집기류에 대한 화재보험, 지진보험, 가정용의 자동차에 대한 자동차 보험 등이 가계 분야의 보험에 속한다.

2. 경계 선언(警戒宣言)

대규모 지진대책 특별조치법에 따라 내각 총리대신은 기상청장에게서 지진 예지 정보보고를 받은 경우 지진 방재 응급대책을 실시하는 것이 필요하다고 판단될 때는, 국무회의에서 지진 재해에 관한 경계 선언을 실시함과 동시에 지진에 대한 경계 체제 발령을 공시하게 되어있다. 경계 선언이 나왔을 경우 지진보험에 관한 법률에 따라, 지진 방재대책 강화지역에 소재하는 건물 및 가재(家財)에 대해서는 지진보험의 신규 계약의 인수 및 기존 계약의 증액은 하지 못 하게 되어있다. 또한 경계 선언 중에 만기가 되는 지진보험 계약에 대해서는 기존 계약금액의 수준 이하에서 계속해서 계약할 수 있다.

3. 대반손(大半損)

보험의 대상이 되는 건물의 경우 지진 등이 직접 또는 간접 원인이 되어 일어난 손해로 인해 주요 구조부(기초 기둥·벽·지붕 등)의 손해

액수가 그 건물의 시가의 40% 이상 50% 미만으로 된 경우 또는 소실 또는 유실된 부분의 면적이 그 건물의 총 바닥 면적의 50% 이상 70% 미만으로 된 경우의 손해의 정도를 말한다. 가재(家財)의 경우에는 손해의 액수가 그 가재(家財)의 시가의 60% 이상 80% 미만으로 된 경우의 손해의 정도를 말한다. 그리고 보험 시기가 2017년 1월 1일이후의 보험 계약에 대해서 인정된다.

4. 대수의 법칙(大數의 法則)

개별적으로 보면 우연한 사안이 다수에 대해서 살펴보면 거의 일정한 확률이 보인다는 법칙을 말한다. 주사위를 흔들고 1의 눈이 나오는 비율은 흔드는 회수를 매우 많이 하면 1/6에 접근한다. 화재, 교통 사고, 상해 등도 각각 매우 많은 집, 차, 사람의 사고에 대해서 통계적으로 일정한 발생 빈도가 보인다. 이 법칙은 보험요율 산출상의 통계적 기초가 되고 있다. 지진은 발생 빈도는 낮지만, 한번 발생하면 거대한 피해를 가진다는 특징을 가지고 있기 때문에 대수의 법칙이 성립하기 어렵다.

5. 반손(半損)

보험의 대상이 되는 건물의 경우 지진 등이 직접 또는 간접 원인이 되어 일어난 손해로 인해 주요 구조부(기초 기둥·벽·지붕 등)의 손해 액수가 그 건물의 시가의 20% 이상 50% 미만으로 된 경우 또는 소실 또는 유실된 부분의 면적이 그 건물의 총 바닥 면적의 20% 이상 70%

미만으로 된 경우의 손해의 정도를 말한다. 가재(家財)의 경우에는 손해의 액수가 그 가재(家財)의 시가의 30% 이상 80% 미만으로 된 경우의 손해의 정도를 말한다. 계약시기가 2016년 12월 31일 이전 보험계약에만 적용된다.

6. 보험 금액(保険 金額)

보험 계약에 있어서 보험회사와 계약자 사이에서 정한 계약금액을 말한다. 이 금액은 보험 사고가 발생한 경우에 보험회사가 지급할 보험금의 한도액이다.

7. 보험 기간(保険 期間)

보험회사가 보험계약에 따른 책임을 지은 기간을 말하며, 이 기간 내에 보험 사고가 발생한 경우에 보험회사가 보험금을 지급할 책임을 진다.

8. 보험 대상(保険 対象)

보험을 가입한 목적물을 말한다. 지진보험에서는 건물과 가재(家財)가 여기에 해당한다.

9. 소반손(小半損)

보험의 대상이 되는 건물의 경우 지진 등이 직접 또는 간접 원인이 되어 일어난 손해로 인해 주요 구조부(기초 기둥 · 벽 · 지붕 등)의 손해

액수가 그 건물의 시가의 20% 이상 40% 미만으로 된 경우 또는 소실 또는 유실된 부분의 면적이 그 건물의 총 바닥 면적의 20% 이상 50% 미만으로 된 경우의 손해의 정도를 말한다. 가재(家財)의 경우에는 손해의 액수가 그 가재(家財)의 시가의 30% 이상 60% 미만으로 된 경우의 손해의 정도를 말한다. 그리고 보험시기가 2017년 1월 1일이후의 보험 계약에 대해서 인정된다.

10. 손해보험요율 산출기구(損害保険料率算出機構)

"손해보험요율산출단체에관한법률"에 의하여 설립되어 손해보험의 공정한 보험요율 산출 기초와 보험요율을 산출하는 단체이다.

11. 손해율(損害率)

일정기간 동안의 수입 보험료에 대한 지급 보험금의 비율을 말한다. 보통은 실제 보험금에 손해조사비를 더한 액수를 수입 보험료로 나눈 비율을 말한다.

12. 위험준비금(危険準備金)

장래 발생하는 지진 등으로 인한 보험금 지불에 대비하여 적립한 준비금을 말한다.

13. 일부손(一部損)

보험의 대상이 되는 건물의 경우 지진 등이 직접 또는 간접 원인이 되어 일어난 손해로 인해 주요 구조부(기초 기둥 · 벽 · 지붕 등)의 손해 액수가 그 건물의 시가의 3% 이상 20% 미만으로 된 경우의 손해의 정도를 말한다. 가재(家財)의 경우에는 손해의 액수가 그 가재(家財)의 시가의 10% 이상 30% 미만으로 된 경우의 손해의 정도를 말한다.

14. 재보험(再保險)

보험회사가 원수보험 계약에 따른 보험금 지급 책임의 전부 또는 일부를 다른 보험회사에 전가하는 것을 말한다.

15. 재재보험(再再保險)

재보험을 인수한 보험회사가 위험 분산 등을 위해 보험책임의 전부 또는 일부를 다시 다른 보험회사에 돌리는 것를 말한다.

16. 전손(全損)

보험의 대상이 되는 건물의 경우 지진 등이 직접 또는 간접 원인이 되어 일어난 손해로 인해 주요 구조부(기초 기둥 · 벽 · 지붕 등)의 손해 액수가 그 건물의 시가의 50% 이상인 경우 또는 소실 또는 유실된 부분의 면적이 그 건물의 총 바닥 면적의 70% 이상의 손해의 정도를 말한다. 가재(家財)의 경우에는 손해의 액수가 그 가재(家財)의 시가의 80% 이상의 손해의 정도를 말한다.

17. 주요 구조부(主要 構造部)

건축기준법 시행령 제1조 제3호에 제시하는 기초 기둥·벽·지붕 등 건물 구조상 주요 부분을 말한다.

18. 책임준비금(責任準備金)

장래 발생가능한 보험 계약상의 채무에 대해서 보험회사가 적립한 준비금을 말한다.

19. 초과 손해액 재보험방식(超過損害額再保険方式)

지급 보험금의 총액이 일정 한도를 초과한 경우, 그 초과 손해금액을 어느 한도를 정하고 보상하는 재보험 방식이다.

20. 총 지불한도액(総支払限度額)

지진보험에 관한 법률을 토대로 1회의 지진 등에 의해서 정부 및 보험회사가 지급하는 보험금의 최대 지불액을 총 지불한도액으로 한다. 총 지불한도액은 현 시점에서 유효한 지진보험 계약의 예상 최대 피해액에 따라서 결정되고 있으며, 간토대지진(關東大地震) 정도의 지진이 다시 발생할 경우에 상정할 수 있는 보험금 지급을 목표로 결정하고 있다. 또한 만일 지급해야할 보험금 총액이 이 총 지불한도액을 초과할경우가 생기면 지급보험금 총액에 대한 총 지불한도액 비율에 의해서 각 계약별 보험금을 삭감 지급 할 수 있다.

◖ 참고 2 지진보험 주요 통계

【火災保険の統計数値について】
（１）新契約欄は、リトン・ベイシス（Ｐ22参照）の数値です。
（２）支払欄は、特別に記載のない限り、リトン・ベイシス（Ｐ22参照）の数値です。

第１表 火災保険 総括表

年度	物件	新契約			支払	
		件数	保険金額	保険料	件数	保険金
			百万円	千円		千円
2011	住宅物件	11,786,474	168,777,709	442,204,116	275,825	145,664,394
	一般物件	3,439,816	262,823,578	288,763,478	195,862	171,032,053
	工場物件	180,463	223,419,210	131,011,885	20,974	82,190,363
	倉庫物件	15,977	23,718,518	3,467,224	237	2,076,731
	物件計	15,422,730	678,739,016	865,446,705	492,898	400,963,544
2012	住宅物件	12,205,034	176,228,429	466,210,712	340,011	161,130,495
	一般物件	3,475,693	273,245,181	299,701,372	229,895	194,054,229
	工場物件	179,775	217,995,598	130,311,143	28,478	88,602,076
	倉庫物件	15,608	24,776,782	3,304,972	297	912,505
	物件計	15,876,110	692,245,992	899,528,200	598,681	444,699,306
2013	住宅物件	12,661,874	185,195,614	518,371,205	352,125	165,115,498
	一般物件	3,577,394	274,161,968	308,307,963	197,317	167,209,676
	工場物件	186,671	242,969,484	142,688,933	22,907	87,330,414
	倉庫物件	14,891	25,544,677	3,441,260	262	861,485
	物件計	16,440,830	727,871,745	972,809,363	572,611	420,517,075
2014	住宅物件	12,824,075	185,655,488	548,183,246	428,172	220,422,606
	一般物件	3,653,866	283,380,698	329,063,700	215,317	219,867,121
	工場物件	187,090	242,286,236	150,972,393	25,410	143,986,906
	倉庫物件	14,671	26,942,383	3,876,568	245	908,392
	物件計	16,679,702	738,264,806	1,032,095,908	669,144	585,185,028
2015	住宅物件	12,846,158	188,363,397	563,979,636	431,647	209,524,617
	一般物件	3,684,803	291,346,165	367,589,387	218,777	209,724,440
	工場物件	189,205	246,961,243	171,841,217	22,697	104,955,545
	倉庫物件	13,575	27,665,064	3,933,333	216	2,310,671
	物件計	16,733,741	754,335,870	1,107,343,574	673,337	526,515,275

※1 「新契約」の「件数」は証券件数、「支払」の「件数」は証券単位の事故件数を、それぞれ 表します。
※2 「保険料」は異動・解約にかかる保険料を加減していません。
※3 工場物件には石油物件を含みません。

第２表　火災保険 住宅物件都道府県別統計表 ＜2015年度＞

都道府県	新契約			支払	
	件数	保険金額	保険料	件数	保険金
		百万円	千円		千円
北海道	170,325	2,172,042	3,448,730	4,875	2,800,200
青森県	30,399	323,556	716,651	556	316,243
岩手県	26,073	311,616	507,938	208	135,161
宮城県	78,848	1,093,191	1,532,736	759	615,369
秋田県	18,356	210,679	400,760	362	276,780
山形県	22,529	253,797	494,057	759	471,008
福島県	54,969	635,095	1,020,704	649	366,227
茨城県	96,136	917,455	1,591,433	1,113	2,545,145
栃木県	63,962	731,436	1,194,986	849	1,003,364
群馬県	55,166	655,878	1,064,465	1,249	664,553
埼玉県	217,362	2,937,489	3,979,042	2,630	1,498,345
千葉県	193,437	2,699,840	3,693,027	2,139	1,198,463
東京都	574,787	10,860,330	11,958,240	8,063	4,019,896
神奈川県	305,976	5,018,380	6,258,372	3,930	1,879,936
新潟県	40,364	516,530	882,731	473	229,350
富山県	26,768	354,653	499,743	248	127,646
石川県	30,800	351,512	525,111	331	108,902
福井県	18,158	253,254	415,126	247	95,084
山梨県	23,010	341,936	538,345	570	394,554
長野県	45,762	700,442	1,048,813	841	652,971
岐阜県	57,764	629,546	1,018,503	742	587,104
静岡県	119,538	1,335,647	1,969,787	975	517,647
愛知県	256,018	2,724,742	3,733,763	2,132	1,278,711
三重県	44,872	511,020	916,857	462	261,733
滋賀県	29,830	381,285	529,169	261	105,604
京都府	89,006	1,238,988	1,567,281	720	300,572
大阪府	319,893	4,725,850	5,938,252	2,714	1,287,753
兵庫県	157,518	2,317,812	2,916,502	1,414	545,497
奈良県	38,416	589,965	870,169	312	168,363
和歌山県	27,077	320,457	572,211	352	218,183
鳥取県	12,812	132,828	246,193	115	78,902
島根県	12,764	121,125	210,572	114	81,664
岡山県	48,628	565,618	922,794	391	187,283
広島県	92,446	1,115,401	1,645,074	670	282,513
山口県	38,799	385,841	759,725	1,204	629,268
徳島県	18,150	212,424	363,975	285	125,770
香川県	30,251	298,286	480,705	434	189,465
愛媛県	36,447	395,107	632,319	167	42,390
高知県	17,204	216,911	381,192	138	51,955
福岡県	132,874	1,429,208	2,663,075	5,927	3,586,979
佐賀県	15,263	137,719	333,888	467	243,694
長崎県	23,638	258,506	585,721	558	246,537
熊本県	43,703	452,429	1,016,944	7,878	5,448,281
大分県	24,227	263,228	514,561	607	284,585
宮崎県	21,148	212,573	516,054	703	255,104
鹿児島県	29,038	295,065	689,043	2,068	1,051,246
沖縄県	24,369	274,210	300,023	345	134,935
分類不能	3,243	108,652	144,238	5	1,084
合　計	3,858,123	52,989,575	74,209,626	63,011	37,592,042

※1　本表は１年契約を対象に集計したものです。
※2　「新契約」の「件数」は証券件数、「支払」の「件数」は証券単位の事故件数を、それぞれ表します。
※3　「保険料」は異動・解約にかかる保険料を加減していません。

第 3 表　火災保険 住宅物件構造別統計表 <2015年度>

構造	新契約			支払	
	件数	保険金額	保険料	件数	保険金
		百万円	千円		千円
M構造	1,105,477	15,784,135	11,265,393	14,297	5,052,225
T構造	979,189	10,765,000	13,063,581	9,062	5,746,753
H構造	1,772,584	26,394,228	49,657,902	39,457	26,700,690
その他・不明	873	46,210	222,749	195	92,372
合　計	3,858,123	52,989,575	74,209,626	63,011	37,592,042

※1　本表は1年契約を対象に集計したものです。
※2　「新契約」の「件数」は証券件数、「支払」の「件数」は証券単位の事故件数を、それぞれ表します。
※3　「保険料」は異動・解約にかかる保険料を加減していません。

第 4 表　火災保険 住宅物件保険対象別統計表 <2015年度>

保険対象	新契約			支払	
	件数	保険金額	保険料	件数	保険金
		百万円	千円		千円
建物	1,021,233	23,379,075	26,920,746	40,373	23,447,568
家財	2,051,691	9,341,804	18,194,137	7,071	2,786,246
混合・不明	785,199	20,268,695	29,094,742	15,567	11,358,227
合　計	3,858,123	52,989,575	74,209,626	63,011	37,592,042

※1　本表は1年契約を対象に集計したものです。
※2　「新契約」の「件数」は証券件数、「支払」の「件数」は証券単位の事故件数を、それぞれ表します。
※3　「保険料」は異動・解約にかかる保険料を加減していません。

第5表　火災保険 住宅物件保険期間別統計表 <2015年度>

保険期間	新契約		
	件数	保険金額	保険料
		百万円	千円
短期（1年未満）	26,745	307,933	137,190
1年	3,858,123	52,989,575	74,209,626
2年	2,701,100	9,473,699	32,767,309
3年	464,109	8,541,381	17,028,363
4，5年	4,699,608	92,738,426	174,277,834
6～10年	616,074	13,412,826	88,006,019
11～15年	34,678	783,834	9,037,350
16～20年	87,899	2,072,935	29,696,117
21～25年	37,733	847,685	12,159,150
26～30年	78,711	2,349,795	38,195,437
31年以上	241,378	4,845,304	88,465,236
不明	0	0	0
合　計	12,846,158	188,363,397	563,979,636

※1　「新契約」の「件数」は証券件数を表します。
※2　「保険料」は異動・解約にかかる保険料を加減していません。

第６表　火災保険 住宅物件事故種別支払統計表

事故種別		2010年度		2011年度		2012年度		2013年度		2014年度	
		件数	保険金	件数	保険金	件数	保険金	件数	保険金	件数	保険金
			千円		千円		千円		千円		千円
火災、破裂・爆発		8,188	34,896,270	7,711	32,907,037	8,058	33,573,116	7,574	31,083,152	7,500	31,114,086
落雷		23,390	5,145,241	16,428	3,834,876	31,223	7,573,776	30,342	7,858,771	26,423	6,946,395
自然災害	（風災・ひょう災）	14,819	6,947,390	86,004	49,850,717	104,308	47,110,417	69,299	30,419,002	68,796	28,346,441
	（雪災）	25,137	15,076,479	30,434	21,404,472	33,388	19,175,227	205,864	128,505,417	23,812	13,832,715
	（水災）	1,133	2,217,570	4,197	12,046,947	3,860	10,163,118	3,549	8,563,552	3,379	9,789,787
その他	（水濡れ）	23,150	12,526,413	29,113	16,172,679	32,260	17,689,360	33,785	17,807,245	35,376	18,597,946
	（水濡れ以外）	114,013	18,602,312	117,572	19,423,171	126,328	20,587,815	121,141	20,627,147	132,516	22,488,820
合　計		209,830	95,411,675	291,459	155,639,899	339,425	155,872,830	472,054	244,864,285	297,802	131,116,190

※1　「件数」および「保険金」は、対象年度に発生した事故に対して、当該年度およびその翌年度に 支払った件数および保険金を集計したものです。

※2　「その他（水濡れ以外）」は、盗難、物体の落下、破損・汚損、電気的・機械的事故および地震火災 費用等に対する保険金を集計したものです（不明を含みます）。

【地震保険の統計数値について】
（１）新契約欄は、リトン・ベイシス（P40参照）の数値です。
（２）保有欄は、当該年度末において有効な契約について集計した数値です。

第７表　地震保険 総括表

年　度	新契約		
	件　数	保険金額	保険料
		百万円	千円
2011	9,335,873	78,010,618	177,018,362
2012	9,439,876	78,361,464	184,924,645
2013	9,556,403	80,021,309	203,143,348
2014	9,584,984	79,399,422	226,640,447
2015	9,501,454	79,535,689	245,480,878

年　度	保有	
	件　数	保険金額
		百万円
2011	14,088,665	119,343,254
2012	15,050,169	128,039,914
2013	15,838,144	136,151,058
2014	16,489,482	143,426,235
2015	16,941,425	150,272,904

※１　「保険料」は異動・解約にかかる保険料を加減していません。
※２　「件数」は証券件数を表します。

第 8 表　地震保険 部道府県別統計表 < 2015年度 >

都道府県別	新契約			保有	
	件数	保険金額	保険料	件数	保険金額
		百万円	千円		百万円
北海道	358,694	2,850,994	5,998,506	630,531	5,165,351
青森	70,967	523,391	1,154,958	116,815	885,170
岩手	63,683	544,016	887,847	114,689	1,014,903
宮城	266,400	2,072,185	4,612,209	503,917	4,308,369
秋田	49,458	420,005	716,650	86,571	755,554
山形	50,326	460,922	708,077	83,421	786,586
福島	120,341	1,061,169	1,881,638	219,980	2,022,851
茨城	196,800	1,743,751	5,166,150	340,224	3,168,500
栃木	126,167	1,141,037	1,661,940	217,795	2,120,405
群馬	98,797	859,593	1,315,166	169,762	1,552,837
埼玉	550,976	4,539,087	14,524,520	977,407	8,443,882
千葉	504,948	4,135,637	18,745,522	917,218	7,904,410
東京	1,404,476	11,810,816	49,208,991	2,503,026	21,970,580
神奈川	809,835	6,759,232	29,626,570	1,450,566	12,631,118
新潟	99,121	862,762	2,117,189	184,491	1,692,073
富山	44,141	452,130	802,655	84,636	893,229
石川	58,644	508,438	906,368	114,472	1,040,798
福井	39,381	411,240	703,365	74,133	778,464
山梨	57,078	574,230	1,385,771	108,092	1,113,493
長野	96,506	1,016,965	1,610,692	167,885	1,790,489
岐阜	156,096	1,307,383	3,012,009	272,202	2,494,810
静岡	279,221	2,460,147	10,483,846	460,310	4,420,826
愛知	746,421	5,424,520	24,320,896	1,254,979	10,914,650
三重	130,515	1,031,090	4,537,952	211,885	1,905,821
滋賀	85,114	803,803	1,174,107	149,368	1,449,094
京都	193,418	1,631,027	3,464,643	339,903	3,007,082
大阪	744,305	6,101,778	17,916,458	1,295,856	11,118,314
兵庫	351,080	3,095,901	6,249,867	646,303	5,970,034
奈良	86,489	819,005	1,805,032	163,580	1,604,945
和歌山	59,736	506,291	2,392,357	108,531	972,558
鳥取	28,234	241,898	434,134	54,584	500,475
島根	22,814	198,792	380,638	44,375	423,993
岡山	94,061	840,509	1,345,282	180,353	1,683,972
広島	196,277	1,670,454	2,689,098	373,675	3,401,641
山口	83,624	746,614	1,176,509	155,040	1,440,787
徳島	48,600	413,960	1,512,848	92,228	837,104
香川	67,127	593,025	1,419,256	131,188	1,246,896
愛媛	75,321	664,618	2,244,308	153,255	1,432,394
高知	47,690	393,716	1,318,954	89,098	796,865
福岡	428,880	3,505,394	5,742,489	775,313	6,523,250
佐賀	36,367	323,047	543,361	63,247	568,999
長崎	50,829	423,443	660,022	88,573	738,265
熊本	133,386	1,172,014	2,047,668	230,505	2,062,005
大分	66,091	592,337	1,378,467	123,632	1,130,414
宮崎	69,448	561,269	1,318,260	128,432	1,073,705
鹿児島	109,698	881,528	1,463,125	199,612	1,643,003
沖縄	43,873	384,525	714,512	89,767	871,940
合計	9,501,454	79,535,689	245,480,878	16,941,425	150,272,904

※1　「保険料」は異動・解約にかかる保険料を加減していません。

※2　「件数」は証券件数を表します。

第9表　地震保険 都道府県・保険対象・構造別統計表 <2015年度>

建物・イ構造

都道府県別	新契約			保有	
	件数	保険金額	保険料	件数	保険金額
		百万円	千円		百万円
北海道	90,029	1,052,187	1,604,024	169,444	2,009,534
青森	8,618	121,867	172,319	15,402	213,280
岩手	11,509	158,640	185,126	22,993	305,875
宮城	54,640	778,095	1,264,554	126,765	1,730,680
秋田	6,511	86,697	100,619	12,210	155,803
山形	8,795	122,677	134,247	15,296	217,751
福島	23,673	360,966	412,994	48,145	706,118
茨城	47,985	638,447	1,284,444	91,709	1,239,846
栃木	30,433	443,022	497,158	60,889	874,377
群馬	22,747	315,588	363,571	43,211	596,882
埼玉	159,800	1,834,963	4,679,212	316,250	3,699,121
千葉	154,013	1,705,769	6,475,886	319,526	3,534,726
東京	569,170	6,873,297	25,824,854	1,117,082	13,431,251
神奈川	301,635	3,204,011	12,198,300	599,398	6,498,060
新潟	17,744	256,320	422,153	38,037	524,386
富山	7,817	120,921	148,942	16,174	240,921
石川	9,516	145,101	185,892	20,716	306,179
福井	7,969	127,720	151,507	15,151	233,967
山梨	14,127	210,483	335,730	29,032	422,919
長野	21,940	325,924	369,560	41,359	605,120
岐阜	33,797	495,393	783,179	69,776	1,008,472
静岡	73,154	1,055,221	3,517,002	140,150	2,014,763
愛知	191,343	2,685,897	10,403,448	414,953	5,788,597
三重	31,138	427,266	1,453,354	61,057	836,615
滋賀	27,671	348,427	402,449	52,290	667,205
京都	52,407	675,282	1,082,266	102,349	1,357,686
大阪	286,422	3,239,532	8,255,325	537,209	6,269,083
兵庫	144,198	1,625,834	2,727,800	289,106	3,340,556
奈良	26,542	319,079	502,301	54,370	672,102
和歌山	15,674	208,212	787,562	31,126	423,430
鳥取	5,712	75,623	102,914	12,643	169,297
島根	4,250	58,650	87,025	9,641	136,390
岡山	28,977	390,853	491,071	62,608	816,153
広島	61,843	825,822	1,114,493	139,616	1,791,309
山口	27,728	353,708	426,325	56,017	701,258
徳島	14,061	201,624	490,772	28,494	406,312
香川	20,861	278,687	482,034	45,083	599,752
愛媛	21,031	308,395	737,060	47,943	680,363
高知	13,574	194,123	436,378	28,532	413,501
福岡	145,341	1,851,667	2,680,465	292,608	3,614,261
佐賀	9,643	119,807	155,695	18,622	226,423
長崎	14,044	182,587	225,659	26,621	331,244
熊本	29,920	424,198	598,524	56,525	781,242
大分	20,134	281,420	488,993	42,580	559,229
宮崎	17,361	238,672	407,256	34,402	467,125
鹿児島	27,973	398,807	541,462	55,682	757,321
沖縄	24,033	334,341	625,869	56,065	780,966
合計	2,937,503	36,481,821	96,817,773	5,884,857	73,157,455

※1 「保険料」は異動・解約にかかる保険料を加減していません。

※2 「件数」は証券件数ではなく保険の対象の件数を表します。

※3 「イ構造」は耐火建築物、準耐火建築物および省令準耐火建物等、「ロ構造」はイ構造以外の建物を表します。

建物・ロ構造

都道府県別	新契約			保有	
	件数	保険金額	保険料	件数	保険金額
		百万円	千円		百万円
北海道	163,134	1,367,912	3,507,480	289,068	2,424,004
青森	39,384	328,778	821,257	66,127	552,894
岩手	34,646	311,966	588,357	64,412	582,131
宮城	90,487	851,638	2,428,891	185,435	1,748,541
秋田	31,294	276,834	518,761	56,680	501,122
山形	29,349	277,536	477,866	49,462	466,808
福島	57,179	522,969	1,160,739	108,585	1,000,899
茨城	93,042	822,682	3,049,186	161,953	1,432,904
栃木	56,714	497,988	886,340	101,875	906,209
群馬	46,397	395,695	736,688	81,885	705,344
埼玉	223,564	1,869,019	7,322,673	390,328	3,271,289
千葉	201,121	1,734,303	9,304,122	361,264	3,126,749
東京	320,013	2,749,527	14,782,463	541,140	4,737,520
神奈川	269,653	2,343,235	12,394,157	454,523	3,987,731
新潟	49,432	472,002	1,375,132	95,393	922,160
富山	26,001	269,643	552,199	51,668	539,943
石川	30,640	292,609	607,537	63,075	604,776
福井	23,883	231,710	464,402	46,029	450,286
山梨	31,759	291,140	882,145	60,405	561,874
長野	54,175	562,879	1,032,214	93,048	961,420
岐阜	65,812	601,962	1,788,199	121,466	1,125,408
静岡	116,676	1,061,314	5,545,783	200,698	1,831,700
愛知	197,511	1,780,712	10,288,239	385,872	3,524,526
三重	52,120	459,392	2,506,166	94,572	837,269
滋賀	39,393	360,878	634,920	66,753	612,903
京都	84,635	700,192	1,866,418	144,544	1,205,997
大阪	224,318	1,730,312	6,527,308	373,800	2,916,779
兵庫	108,571	948,820	2,562,738	193,656	1,705,455
奈良	41,390	370,985	1,028,957	76,734	693,924
和歌山	30,360	231,134	1,293,704	55,320	427,630
鳥取	14,596	132,581	276,620	29,396	271,093
島根	11,743	113,350	247,686	24,280	239,513
岡山	35,916	315,020	648,408	70,252	625,921
広島	70,777	573,204	1,191,333	139,928	1,153,076
山口	34,766	290,727	595,119	65,671	560,186
徳島	19,535	155,984	839,024	39,994	328,625
香川	26,633	222,781	738,094	56,334	478,023
愛媛	34,515	265,684	1,218,589	73,334	577,540
高知	19,029	139,708	689,685	36,650	277,315
福岡	127,480	1,043,529	2,178,579	228,502	1,872,643
佐賀	17,123	149,753	302,666	29,232	254,912
長崎	23,303	174,202	332,881	39,381	294,592
熊本	69,369	562,903	1,147,556	119,237	973,475
大分	30,273	235,619	725,148	56,063	441,113
宮崎	33,536	236,782	715,122	64,118	459,701
鹿児島	49,385	346,449	712,406	90,956	657,027
沖縄	750	5,660	19,735	1,408	11,570
合計	3,451,382	29,679,703	109,513,689	6,200,506	53,842,518

家財・イ構造

都道府県別	新契約 件数	新契約 保険金額 (百万円)	新契約 保険料 (千円)	保有 件数	保有 保険金額 (百万円)
北海道	76,274	186,090	257,737	128,195	316,902
青森	9,915	21,004	26,115	14,513	31,854
岩手	12,386	25,305	25,491	18,992	42,071
宮城	89,816	209,670	286,855	152,080	394,681
秋田	6,078	12,918	13,153	9,173	20,634
山形	8,070	16,614	16,577	12,285	27,086
福島	31,366	69,683	71,084	49,033	118,887
茨城	59,307	130,058	230,986	92,606	220,160
栃木	39,989	91,772	88,617	61,649	152,732
群馬	28,146	63,112	62,285	43,676	103,652
埼玉	180,588	457,694	994,157	303,215	796,601
千葉	162,979	407,390	1,367,043	278,696	727,246
東京	629,059	1,563,892	5,275,530	1,077,388	2,744,754
神奈川	292,574	766,736	2,614,448	512,245	1,377,940
新潟	21,269	44,899	62,057	35,341	78,887
富山	9,133	19,937	20,600	15,050	35,026
石川	14,439	27,504	28,186	23,565	47,182
福井	7,021	17,523	18,849	11,753	30,408
山梨	13,462	30,876	43,504	22,009	53,748
長野	20,382	47,765	51,643	33,691	82,495
岐阜	57,578	109,451	140,464	87,304	179,971
静岡	91,142	181,348	526,779	131,007	291,643
愛知	381,042	668,686	1,956,386	534,639	1,065,490
三重	46,515	81,263	224,693	60,030	120,719
滋賀	23,718	52,647	55,914	40,326	93,983
京都	60,641	135,425	190,907	102,506	235,551
大阪	292,065	751,636	1,670,968	493,665	1,292,173
兵庫	136,986	355,522	505,043	236,967	629,194
奈良	21,953	62,666	88,346	39,531	115,721
和歌山	13,090	31,326	106,009	22,203	56,765
鳥取	6,703	13,636	14,023	10,585	22,678
島根	5,335	10,142	10,154	8,127	16,575
岡山	30,842	69,539	76,411	52,339	123,825
広島	67,259	158,573	167,985	105,648	263,239
山口	22,087	51,455	55,978	37,022	90,332
徳島	16,567	32,992	64,552	27,552	57,886
香川	22,359	51,451	70,668	35,823	89,265
愛媛	20,675	45,489	89,515	36,102	84,729
高知	14,808	32,326	62,291	24,517	55,766
福岡	170,771	376,776	430,077	287,799	646,289
佐賀	9,897	22,878	25,126	15,882	37,804
長崎	12,703	30,622	34,221	21,423	52,883
熊本	31,604	70,934	79,412	51,335	119,207
大分	16,975	36,859	52,492	28,326	63,871
宮崎	15,922	34,309	48,790	25,772	57,522
鹿児島	27,947	62,305	70,893	46,695	105,891
沖縄	25,761	44,067	67,546	44,469	78,558
合計	3,355,198	7,784,761	18,440,561	5,502,749	13,450,479

家財・ロ構造

都道府県別	新契約			保有	
	件数	保険金額	保険料	件数	保険金額
		百万円	千円		百万円
北海道	94,376	244,806	629,265	160,557	414,912
青森	24,250	51,742	135,267	40,313	87,142
岩手	18,404	48,105	88,874	32,151	84,826
宮城	86,023	232,782	631,909	149,711	434,467
秋田	16,561	43,556	84,117	29,007	77,995
山形	15,739	44,096	79,388	26,395	74,940
福島	35,880	107,551	236,821	65,368	196,947
茨城	53,528	152,565	601,534	95,295	275,590
栃木	37,170	108,255	189,825	64,358	187,087
群馬	31,105	85,199	152,622	53,129	146,959
埼玉	130,645	377,411	1,528,478	230,892	676,871
千葉	104,698	288,175	1,598,471	182,785	515,689
東京	234,495	624,100	3,326,145	388,208	1,057,055
神奈川	156,252	445,251	2,419,666	266,123	767,387
新潟	36,814	89,541	257,846	66,210	166,640
富山	14,964	41,629	80,913	27,807	77,339
石川	17,791	43,224	84,753	33,944	82,661
福井	11,839	34,287	68,606	22,248	63,803
山梨	15,674	41,731	124,392	28,696	74,952
長野	27,896	80,397	157,274	49,021	141,455
岐阜	39,754	100,577	300,167	70,542	180,959
静岡	61,421	162,264	894,281	102,174	282,719
愛知	121,583	289,226	1,672,824	210,611	536,037
三重	26,005	63,170	353,739	43,214	111,217
滋賀	15,954	41,850	80,824	28,480	75,003
京都	41,189	120,128	325,052	70,530	207,849
大阪	126,949	380,299	1,462,856	212,261	640,279
兵庫	57,093	165,725	454,285	101,203	294,829
奈良	20,558	66,274	185,427	38,108	123,198
和歌山	13,606	35,619	205,082	24,348	64,733
鳥取	7,243	20,059	40,577	13,592	37,407
島根	6,519	16,650	35,774	12,084	31,515
岡山	22,389	65,097	129,392	40,660	118,073
広島	39,135	112,854	215,286	67,220	194,017
山口	18,237	50,724	99,087	32,013	89,011
徳島	9,589	23,360	118,500	18,201	44,281
香川	14,508	40,107	128,460	28,528	79,856
愛媛	17,573	45,050	199,144	34,793	89,761
高知	10,830	27,559	130,600	19,450	50,282
福岡	84,975	233,422	453,367	143,256	390,056
佐賀	10,613	30,610	59,873	17,611	49,860
長崎	13,479	36,032	67,261	22,425	59,547
熊本	42,528	113,979	222,176	70,578	188,080
大分	14,190	38,439	111,834	24,448	66,202
宮崎	19,367	51,507	147,092	33,502	89,357
鹿児島	29,998	73,967	138,364	49,536	122,764
沖縄	271	457	1,362	453	846
合計	2,049,660	5,589,404	20,708,855	3,542,039	9,822,451

第10表　地震保険 保険期間別統計表 <2015年度>

保険期間別	新契約		
	件数	保険金額	保険料
		百万円	千円
1年	5,747,466	49,523,950	81,801,564
2年	1,123,460	1,760,356	5,051,411
3年	164,990	1,665,589	7,755,377
4年	13,658	140,138	748,757
5年	2,451,880	26,445,657	150,123,769
合計	9,501,454	79,535,689	245,480,878

※1　「保険料」は異動・解約にかかる保険料を加減していません。
※2　「件数」は証券件数を表します。
※3　「期間」の「1年」には地震保険契約の中途付帯（1年未満）を含みます。

第11表　地震保険 保険金額別統計表 <2015年度>

新契約					
建物			家財		
保険金額別	件数	保険金額	保険金額別	件数	保険金額
		百万円			百万円
100万円まで	22,271	17,941	100万円まで	1,049,308	796,404
100万円超200万円まで	111,664	183,450	100万円超200万円まで	1,839,878	2,677,125
200万円超400万円まで	681,308	2,237,117	200万円超300万円まで	1,193,092	3,033,474
400万円超600万円まで	1,371,310	7,045,251	300万円超400万円まで	374,768	1,400,861
600万円超800万円まで	1,235,859	8,901,068	400万円超500万円まで	576,509	2,846,154
800万円超1,000万円まで	1,166,498	10,861,841	500万円超600万円まで	136,060	773,666
1,000万円超2,000万円まで	1,413,662	19,214,665	600万円超700万円まで	61,035	402,501
2,000万円超3,000万円まで	186,340	4,588,271	700万円超800万円まで	105,624	798,832
3,000万円超4,000万円まで	63,808	2,253,601	800万円超900万円まで	25,889	222,758
4,000万円超5,000万円まで	82,135	3,961,855	900万円超1,000万円まで	42,661	423,275
合計	6,388,885	66,161,524	合計	5,404,858	13,374,166

※1　「件数」は証券件数ではなく保険の対象の件数を表します。
※2　「合計」には、区分所有建物の共有部分一括契約を含みます。

第12表　地震保険 都道府県別付帯率の推移 ＜2015年度＞

都道府県別	年度 2011	2012	2013	2014	2015	(参考)世帯加入率 年 2015
	%	%	%	%	%	%
北海道	48.1	49.7	50.5	50.8	51.0	22.8
青森	55.0	57.7	59.4	60.8	61.8	19.7
岩手	56.7	61.4	64.0	65.3	66.8	21.7
宮城	81.1	83.5	85.2	85.3	86.2	51.5
秋田	59.8	63.2	65.7	67.3	68.5	20.2
山形	52.1	56.1	57.3	59.1	60.9	20.1
福島	58.1	64.8	67.0	68.7	70.5	28.0
茨城	52.5	57.4	59.9	60.3	60.5	27.9
栃木	50.4	55.4	58.0	60.5	62.2	26.5
群馬	43.7	47.8	50.1	52.6	54.7	20.3
埼玉	51.2	55.2	57.2	58.3	58.9	30.6
千葉	50.5	53.7	55.1	55.8	56.9	32.9
東京	50.7	53.9	55.1	56.0	56.8	36.1
神奈川	53.0	55.6	56.5	57.4	58.2	34.4
新潟	54.4	57.6	59.6	61.3	62.4	20.6
富山	44.7	47.5	48.9	50.3	51.2	20.3
石川	48.4	50.8	51.5	52.1	53.4	24.0
福井	48.8	52.1	54.5	56.4	58.0	25.4
山梨	58.5	61.6	63.3	65.8	67.7	30.2
長野	44.3	47.0	49.3	51.7	54.4	19.3
岐阜	66.9	68.8	70.7	72.3	73.1	33.6
静岡	57.4	59.5	60.8	61.8	62.7	29.7
愛知	68.3	69.5	70.5	71.2	71.1	39.4
三重	60.8	62.4	64.0	64.0	64.8	27.2
滋賀	47.8	50.3	52.7	54.3	55.6	26.4
京都	44.3	47.7	50.3	51.9	53.2	28.2
大阪	51.7	53.9	56.0	56.9	57.5	30.7
兵庫	45.9	48.4	51.6	53.1	54.3	25.6
奈良	54.3	58.0	60.0	61.1	61.7	27.8
和歌山	53.0	55.5	56.8	58.1	59.3	24.5
鳥取	55.1	57.8	60.4	62.3	64.2	23.0
島根	48.6	52.3	53.7	54.9	55.5	15.3
岡山	45.2	47.7	49.7	52.1	53.6	21.5
広島	59.7	61.6	62.9	64.7	65.7	28.7
山口	50.2	51.9	53.8	55.8	57.6	23.3
徳島	66.5	69.5	71.0	71.7	72.4	27.8
香川	57.7	60.4	63.0	64.4	66.3	30.0
愛媛	55.7	58.6	61.2	62.5	63.9	23.4
高知	79.5	81.7	83.3	83.3	84.2	25.2
福岡	57.7	59.8	61.3	62.8	64.0	32.8
佐賀	40.1	41.5	42.5	43.3	44.7	19.2
長崎	36.1	37.7	38.3	38.5	39.2	13.9
熊本	56.1	58.9	60.7	62.0	63.8	29.8
大分	54.3	57.2	59.9	61.4	62.9	23.1
宮崎	68.3	71.0	72.8	74.6	76.3	24.5
鹿児島	67.5	69.3	70.8	71.5	73.0	24.7
沖縄	50.3	50.9	51.5	51.5	51.5	14.3
合計	53.7	56.5	58.1	59.3	60.2	29.5

※1　付帯率は、当該年度中に契約された火災保険契約（住宅物件）に地震保険契約が付帯されている割合です。
※2　世帯加入率は、2015年12月末時点で有効な地震保険保有証券件数を2016年1月1日時点の住民基本台帳（総務省自治行政局公表、外国人含む）に基づく世帯数で除したものです。

第13表　地震保険 割引種類別統計表 <2015年度>

割引種類別		新契約			保有	
		件数	保険金額	保険料	件数	保険金額
			百万円	千円		百万円
割引あり	免震建築物	21,518	206,357	382,740	40,359	396,841
	耐震等級3	254,784	3,702,414	7,575,408	545,383	7,714,516
	耐震等級2	49,348	574,271	1,486,738	108,564	1,267,146
	耐震等級1	94,532	711,682	2,293,247	203,416	1,498,573
	耐震診断	8,438	83,919	386,751	16,126	167,438
	建築年	5,382,887	49,952,208	157,718,486	10,052,880	98,279,368
割引なし		3,689,947	24,304,838	75,637,509	5,974,697	40,949,022
合計		9,501,454	79,535,689	245,480,878	16,941,425	150,272,904

※1　「保険料」は異動・解約にかかる保険料を加減していません。

※2　「件数」は証券件数を表します。

◖ 참고 3 관련 도서 및 기관

· 關聯 圖書

- 地震保險 制度(高橋康文, 金融財政事情研究会)
- 日本の地震保險(損害保険料率算出機構)
- 火災保險・地震保險の現況(損害保険料率算出機構)
- 地震保險基準料率のぁらまし(損害保険料率算出機構)

· 關聯 機關

- 財務省(www.mof.go.jp)
- 日本損害保険協会(www.sonpo.or.jp)
- 損害保険料率算出機構(www.giroj.or.jp)
- 地震調查研究推進本部(www.jishin.go.jp)
- 日本地震再保険株式会社(www.nihonjishin.co.jp)
- 全国共済農業協同組合連合会(www.ja-kyosai.or.jp)
- 全国労働者共済生活協同組合連合会(www.zenrosai.coop)

저자 약력

경북대학교 경상대학 졸업

서강대학교 경영대학원 졸업

명지대학교 대학원 경영학과 박사과정 수료

와세다대학대학원 상학연구과 연구원

현 예금보험공사 부장

일본의 지진보험

2018년 5월 20일 초판 인쇄
2018년 5월 30일 초판 발행

저 자 심 재 만
발행인 이 구 만
발행처 유원북스
04091 서울특별시 마포구 토정로 222, 416호
(신수동, 한국출판컨텐츠센터)
전화번호 (02)593-1800 FAX (02)6455-1809
등록 2011.9.6. 제25100-2012-3호
www.uwonbooks.com uwbooks@daum.net
ISBN 979-11-6288-030-2 93320

정 가 9,500원

이 도서의 국립중앙도서관 출판예정도서목록(CIP)은 서지정보유통지원시스템 홈페이지(http://seoji.nl.go.kr)와 국가자료공동목록시스템(http://www.nl.go.kr/kolisnet)에서 이용하실 수 있습니다. (CIP제어번호 : CIP2018014988)